動ける体を取りもどす
「姿勢筋」トレーニング

比嘉一雄

青春新書
PLAYBOOKS

はじめに

あなたは普段、良い姿勢をしていますか？

背中が丸まったり、あごが突き出たり、お腹がぷくんと前に出たり。多くの方がそういう姿勢ではないでしょうか。そのような悪い姿勢を取らざるを得ないのは、体を支えるための重要な筋肉。「抗重力筋」＝「姿勢筋」が衰えているからです。

姿勢とは、地球の重力に対してバランスを取っている状態のことをいいます。美しくて無駄がなく、エネルギー効率の良い姿勢をキープできる状態です。これを可能にするのは、しっかりした姿勢筋があってこそ。悪い姿勢が当たり前になると、姿勢筋は力を失っていき、姿勢がさらに悪くなるという悪循環に陥っていきます。

本文でくわしく紹介しますが、姿勢筋が弱ると、肩こりや腰痛、ひざの痛みなどを引き起こしやすくなります。

それだけではなく、肥満と関連することから生活習慣病につながる、体温が低下して免疫力が低下する、ふさぎ込んで憂うつになる、といったように、心身の多方面に悪影響を与えてしまいます。

体力や気力、活力が低下して、しだいに動ける体を失っていき、やがて健康も損なう可能性があるのです。

姿勢を決める最大の要素は、骨盤の角度。骨盤が後ろに傾いても、前に傾き過ぎても、背筋が丸まり悪い姿勢になってしまいます。

その意味から、姿勢筋のなかでも特に重要なのが、骨盤とつながっている筋肉だといえます。上半身と下半身をつなげる腸腰筋《ちょうようきん》、背筋を真っすぐにする脊柱起立筋《せきちゅうきりつきん》など、骨盤に働きかける姿勢筋を日ごろから鍛えておけば、良い姿勢を保つことができるはずです。

本書ではこうした姿勢筋のトレーニングとストレッチをたっぷり紹介します。

大きなポイントはスロートレーニング。「スロトレ」はダンベルやバーベル、ジムにあるような専用のマシンは使いません。自分の体重を使う自重トレーニングをひと工夫した効率的なトレーニング方法です。

ゆっくりした動きで負荷をかけていくので、誰でも無理なく、けがをすることなく行えます。特別な器具がいらず、自宅でひとりで行えるのもメリットです。

動ける体を取りもどすため、姿勢筋によく効くスロトレとストレッチを日々の習慣にしましょう。心身の健康は、姿勢を正すことからはじまるのです。

第1章

動ける体を取りもどすには「姿勢筋」が重要です！

姿勢の悪い人が増えている……14
巣ごもりや負の感情も姿勢を悪くする……16
姿勢が悪いと、良いことはひとつもない！……19
そもそも、姿勢って何だろう？……21
「良い姿勢」とはどういう姿勢？……24
「悪い姿勢」と「だるま落とし」の関係……27
なぜ、ヒトは立っていられるのか？……30

重力に対して姿勢を保持する「姿勢筋」……32
姿勢を決めるのは骨盤の傾き具合……35
骨盤とつながり、姿勢を決める「姿勢筋」……37
加齢によって、姿勢筋は失われていく！……38

第2章

自分の姿勢をチェックしてみましょう

良くない姿勢に気づくことが大事……44
姿勢筋が衰えているサインは？……48
目を閉じて行う自己チェックも有効……50
悪い姿勢を放置すれば「ロコモ」に……54
姿勢筋は何歳からでも鍛えられる……56

第3章 その不調、姿勢の悪さが原因かもしれません

肩こりの大きな原因は姿勢の悪さ……60
腰痛やひざの痛みを引き起こすことも……63
姿勢を起点に、生活習慣病にいたるドミノ倒し……64
筋肉が減ると、体温が低下して免疫力が下がる……67
姿勢は心の健康にも深く関連している……70

第4章 頭も体も見た目も「姿勢筋」がアンチエイジングの要です

姿勢が良いと、老けて見えない……74

背筋を伸ばした速足は若く見える ……75
良い姿勢を保つと、肌の健康もキープできる ……77
高齢者に多い誤嚥性肺炎を招くのも姿勢 ……79
脳を若々しく保つ効果もあり ……81

第5章 スロトレで「姿勢筋」を鍛えましょう

スロートレーニングとは？ ……86
ゆっくり動き続けるのがポイント ……88
週3回、8回×3セットを目指そう ……90
続けるコツは、日々の行動に紐づけること ……92
体重1キロあたり、1グラムのたんぱく質摂取を ……94

姿勢筋 基本スロトレ 1 骨盤の前側 腸腰筋……96
腸腰筋のストレッチ……102
姿勢筋 基本スロトレ 2 骨盤の後ろ上側 脊柱起立筋……104
脊柱起立筋のストレッチ……108
姿勢筋 もっとスロトレ 1 骨盤の前側の上 腹直筋……110
腹直筋のストレッチ……114
姿勢筋 もっとスロトレ 2 骨盤の前側の下 大腿直筋……116
大腿直筋のストレッチ……120
姿勢筋 もっとスロトレ 3 骨盤の後ろ側の真ん中 大殿筋……122
大殿筋のストレッチ……128
姿勢筋 もっとスロトレ 4 骨盤の後ろ側の下 ハムストリング……130
ハムストリングのストレッチ……136

姿勢筋 もっとスロトレ5 骨盤の横側の上 腹斜筋……138
腹斜筋のストレッチ……142
姿勢筋 もっとスロトレ6 骨盤の横側の真ん中 大腿筋膜張筋……144
大腿筋膜張筋のストレッチ……150
姿勢筋 もっとスロトレ7 骨盤の前側の下 内転筋群……152
内転筋群のストレッチ……158
姿勢筋 もっとスロトレ8 骨盤の横側の後ろ側の真ん中 中殿筋……160
中殿筋のストレッチ……164
姿勢筋 もっとスロトレ9 骨盤の横側の後ろ側の下 梨状筋……166
梨状筋のストレッチ……170

第1章

動ける体を取りもどすには「姿勢筋」が重要です！

姿勢の悪い人が増えている

近ごろ、姿勢の悪い人が増えています。この本を手にしたあなたも、そうではありませんか？　少なくとも、姿勢のことが気になっているのではないでしょうか。

最もよく目につくのが、スマホを手に持ち、画面を見るときに猫背になり、頭、首を前に突き出して下を向いている姿勢です。

この悪い姿勢はあらゆるシーンで見ます。電車やバスを待っているとき、座席に座っているとき、吊り革をつかんで立っているとき。飲食店で料理を待っている間、さらには迷惑な歩きスマホもそうです。スマホと丸まってしまう背中は、切っても切れない関係になっています。

パソコン作業も悪い姿勢と強く関連しています。作業に集中するにつれて、キーボードを打ったり、マウスを操作したりするために肩の筋肉が力んだ状態が続き、さらに顔がだんだん前に突き出て首の筋肉も力んだ状態になり、結果、背中が丸まった状態を保つようになって、悪い姿勢のままになりがちです。

今度、カフェなどでまわりのパソコン作業をしている人、スマホを操作している人を見てみてください。みなほぼ例外なく、ひどく姿勢が悪いことに改めて気づくかと思います。

在宅勤務が多い場合は、猫背になる傾向が一層強まる可能性があります。偏った楽な姿勢や、みっともない姿勢を取り続ける時間が長くなるからです。さらに、まわりの視線を気にする必要がないのも理由になるでしょう。

人の目があれば、ときどき姿勢を正そうと思うものですが、自宅では誰にも見られることがありません。そこで緊張感のない、だら～とした姿勢で仕事を続けてしまいます。

いまの暮らしや社会に欠かせない便利なスマホやパソコンが、皮肉にも、姿勢を悪くする大きな要因になっているのです。

巣ごもりや負の感情も姿勢を悪くする

在宅勤務の弊害として、外出の時間・頻度が減少することもあげられます。買い物や食事もサービスの充実によって家ですべて行えます。

人は外出すると、同じ姿勢を保ち続けることはありません。歩くという動きひとつを取ってみてもそうです。ただ同じ速度で真っすぐに歩くことはなく、赤信号でいったん立ち止まったり、青信号に変わってまわりを見てから歩きはじめたりします。

前に人がいたら速度を緩めるし、向かって来る人がいれば体をひねってよけるでしょう。歩幅も状況によって変わるでしょう。ほかにも、階段や坂道を上ったり下ったりと、さまざまな動作を行い、そのたびに姿勢が変わります。

電車に乗った場合も、吊り革を持って体を支える、揺れに対して踏ん張る、といった動きが必要です。

あまり動かないと思われる車の運転時でさえ、ハンドルやアクセル、ブレーキの操作はもちろん、左右や後方の確認のために首をたびたび動かさなければいけません。

一方、外出しないで自宅にこもっていると、姿勢や動作のバリエーションはぐっと少なくなります。椅子やソファ、畳の上などに座って、1日の大半を過ごすことになってしまうからです。

座った姿勢でスマホやテレビ、パソコンなどを見ているうちに、いつの間にか首が前に突き出て、背中がしだいに丸まっていくことでしょう。そして、その悪い姿勢は長い時間、キープされ続けることになります。

新型コロナウイルス感染症の流行は、精神面にも影響を与え、不安や恐れ、焦りといった気持ちが湧きやすくなっています。こうした負の感情も姿勢を悪くしている可能性があります。

心がマイナスの状態に陥っているとき、胸を張って堂々としている人はいないでしょう。不安をはじめとする負の感情を抱えているときには、人間はどうしても背中が丸まるものです。

新型コロナウイルス感染症のほかにも、ふさぎ込む原因として、物価高といった社会情勢などがあげられます。私たちはいま、メンタル面からも姿勢が悪くなりやすい状況に置かれているのです。

姿勢が悪いと、良いことはひとつもない！

では、悪い姿勢を続けていると、体にどういった影響が出てくるのでしょうか。

背中を丸めた姿勢を続けていると血流が下がり、それにつれて姿勢と関連している筋肉が収縮します。やがて筋肉には収縮するクセがついて、悪い姿勢のまま固まっていくようになります。

悪い姿勢を長時間取るのが当たり前になると、それが骨にまで悪影響を及ぼし、腰が曲がってしまうなど、さらに姿勢が悪くなることさえ考えられます。

姿勢が良くないと、なんだか格好悪い、若々しくない、弱々しく見える、といったマイナスの印象を与えてしまいます。しかし、悪い姿勢が及ぼす影響は、見た目だけではありません。

のちほどくわしく紹介しますが、悪い姿勢が当たり前になると、血流が悪くなったり、内臓に負担がかかったりすることから、生活習慣病や頭痛、誤嚥《ごえん》などの原因になる場合があります。

新型コロナウイルス感染症をはじめ、さまざまな感染症予防に必要な免疫力とも関連します。悪い姿勢が固定することによって、血流が低下して体温が下がり、免疫力も低くなっていくからです。


また、筋肉は加齢によって減少していきますが、悪い姿勢がクセになってしまうと、その減少度合いが大きくなる可能性があります。姿勢が悪くなると、歩幅が狭くなり速度が落ちることによって、筋肉への刺激がより小さくなってしまうと考えられるからです。

気がつけば、同世代の人たちと比べて、何だか老けて見えるのに加えて、動けない体になっているかもしれません。

悪い姿勢から筋力が低下すると、以前よりも動けなくなるだけではなく、体を支える骨盤が徐々に後ろに倒れていってしまいます（骨盤の後傾）。その結果、背中はさらに丸まって猫背がひどくなり、より一層、さまざまな面に悪影響を及ぼしてしまうのです。

悪い姿勢のまま日々を過ごしていると、良いことは何ひとつない、といっていいでしょう。

そもそも、姿勢って何だろう?

ところで、そもそも姿勢とはどういった状態を指すのでしょうか。ひと言でいうと、重力に対してバランスを取っている状態。これが姿勢の定義です。

この考え方から、宇宙空間では姿勢というものは存在しません。宇宙船内で宇宙飛行士がしっかり立つことなく、ふわふわ浮いているのは、無重力の中ではバランスを取る必要がないからです。

姿勢には大きく分けて、2種類あります。ひとつは「立つ」「座る」といった静的な姿勢。もうひとつは動くとき、基本的には「歩く」ときの動的な姿勢です。いずれの姿勢も骨盤まわりの関節と筋肉に大きく左右され、「立つ」「歩く」際にはふくらはぎや前脛骨筋《ぜんけいこっきん》などの下腿《かたい》の働きも加わります。

良い姿勢と聞くと、背筋を伸ばしてシャキッと立つ姿を頭に思い描くかと思います。意外なことに、こうした姿勢を取れるのは、じつはヒトしかいません。

単なる二足歩行をする生物なら、鳥類やカンガルーなどたくさん存在していています。視野を広げると、かつては恐竜たちの多くも二本足で活動していました。

しかし、ヒトが行っているのは、単なる二足歩行ではなく直立二足歩行です。脚と胴体、頭が地面に対して垂直に位置したまま、立ったり歩いたりできるのです。

チンパンジーやクマ、芸をするイヌなども、ごく短い時間なら直立で立つことは可能です。しかし、その姿勢を長時間保ったり、無理なく歩き回ったりすることはできません。

ペンギンは一見、直立歩行しているように見えますが、じつは脚を折りたたんだ状態で立ったり歩いたりしています。自由に直立二足歩行ができるのはヒトだけなのです。

この姿勢を手に入れたことから、ヒトは歩行に必要がなくなった前足を「手」として使えるようになりました。そして、重心の真上に乗る脳を次第に大きく発達させることができました。手を使うことにより脳が大きくなり、脳が発達することにより、より繊細な手の動きを手に入れ、さまざまな道具を生み出すことも可能にしました。そして、手によって食料を運べるようになり、安全な場所で食事を他の個体に与えることができるようになり、ヒトは繁栄できたのです。

こう考えてみると、正しい姿勢を保つことは、ヒトらしくあることなのかもしれません。

「良い姿勢」とはどういう姿勢？

本書は良い姿勢を意識し、以前のように動ける体を取りもどそうというのがテーマです。では、良い姿勢とはどういうものなのか、体の仕組みから考えてみましょう。

姿勢とは重力に対してバランスを取っている姿のことだと説明しました。その意味から、体のバランスを取りやすいのが良い姿勢ということができます。

立った状態でいえば、足関節中心の鉛直上に身体各部位の質量中心が乗る姿勢。これが最もバランスが取りやすく、最もエネルギー効率の良い立ち方となります。難しく書きましたが、よくいわれるのが、くるぶし、ひざ、股関節・肩・耳が一直線にあるような姿勢です。

一直線が良い姿勢と聞くと、腰から首への背骨（脊柱のことを本書ではわかりやすく背骨とします）は真っすぐのほうがいい、と考えるかもしれません。しかし、良い姿勢は一直線の背骨ではいけないのです。前後に湾曲することによって、サスペンションの機能のように、上下の衝撃を吸収して背骨を守ります。

良い姿勢の場合、背骨の首の部分（頸椎）は後ろ側に、胸の部分（胸椎）は前側に、腰につながる部分（腰椎）は後ろ側に向けて緩やかに曲がっています。つまり全体ではS字カーブを描いているのが、良い姿勢を取っているときの背骨の形なのです。

背骨の下部分がつながる骨盤も、良い姿勢のときは、真っすぐ立っている状態ではありません。前に向かって30度ほど傾いているのが、最も負担のかからない状態です。この構造は、ヒト固有のものになります。

S字の背骨を含めた、一直線の姿勢を取ると体が楽なので、筋肉をあまり使わず、骨で立つような状態になり、エネルギー効率が良くなります。重力に対して無理のない姿勢なので、関節にも負荷がかかりません。

良い姿勢を取っていると、長時間、疲れを感じないで立っていることができます。短い時間、ただ立っているだけでしんどくなるのなら、それは良い姿勢とはいえないでしょう。

「悪い姿勢」と「だるま落とし」の関係

重力に対して、垂直方向以外に負荷がかからないのが良い姿勢ということもできます。これに対して、筋肉に負担をかけないとバランスが取れない状態が悪い姿勢だといえます。

足から頭までが一直線になっていないので、ずれている部分の上下に位置する筋肉が収縮したり、引っ張られたりしてバランスを保とうとします。前側にバランスが崩れていたら、背中側（後ろ側）の筋肉が、後ろ側にバランスが崩れていたらお腹側（前側）の筋肉が、重力に対してバランスを取るわけです。

重力に対してバランスを取るのは前後だけではありません、左右のバランスも重要で、左右の鎖骨や肩の高さ、骨盤の高さ、ひざの高さなどが平行であることが理想です。前後と同様に、左側がバランスを崩していたら、右側でバランスを取るように筋肉が働くのです。

前後、左右にバランスを崩し、悪い姿勢である場合、エネルギー効率が悪いので、長時間立ち続けることは難しいでしょう。この悪い姿勢がクセになると、だんだん動けない体に陥ってしまいます。

このような体の仕組みは、「だるま落とし」を例にあげて説明することができます。色違いの円柱のコマを数段積み上げて、最上部にだるまの顔をしたコマを置き、木づちで横から叩いて、一段ずつ順番にコマを落としていく伝統的な遊びです。

木づちで叩いてコマをはずすと、横から力が加わったことによって、積み上げたコマがずれてデコボコした形になります。

とはいえ、相当にバランスが悪くても、重心の位置がずれ過ぎていない場合は倒れません。次に、ずれているコマの反対側から上手に叩くと、やはり崩さないでコマを叩き出すことができます。

どの方向から打てばいいのか見極める、木づちを素早く水平に動かす、といったコツを使えば、崩さないでコマを順番に叩き出すのは可能です。しかし、コマが右に左にと不格好に飛び出す状態が続くことでしょう。

悪い姿勢というのは、この「だるま落とし」のようなもの。一応、重心は体の中心部分の上方（支持基底面上・P30参照）にあるので、立っていることはできます。けれども、「だるま落とし」のコマがあちこちに飛び出すように、首が突き出たり、背中が曲がったり、腹が押し出されたり、ひざが曲がったりしています。

やはり、私たちが目指したいのは良い姿勢です。「だるま落とし」でいえば、コマがでこぼこ飛び出して、かろうじてバランスを取っている状態ではありません。遊びをはじめる前の真っすぐに立っているときの姿です。ただ立つだけではなく、無理なくしっかり立ち、歩き、座ることのできる状態をつくりましょう。

なぜ、ヒトは立っていられるのか？

なぜ、あらゆる動物のなかで、直立二足歩行をするものはヒト以外にはいないのでしょうか。それは二本足で垂直に立つことが非常に難しいためです。

カメラの三脚を例に考えましょう。三脚を自立させるときには、3本ある脚を大きく開いて立てます。ここが自立させるための大きなポイント。重さを支えるための床面積が広いほど、安定して立つことができるからです。この床面積のことを「支持基底面」と呼びます。

三脚の場合、床につけた3本の脚先を線で結び、囲んだ部分が支持基底面です。脚を広げるほど支持基底面は広くなり、一層安定して自立することができます。脚が四本あるテーブルや椅子などは、三脚よりもさらに支持基底面が広くなり、自立はより安定します。

これに対して、直立二足歩行をするヒトはどうでしょう。三脚やテーブルなどと比べて、ぐっと狭い支持基底面で体重を支え、バランスを取らなければいけません。両足のつま先とかかとを線で結んだ、四角形がヒトの支持基底面になります。その面積内に、骨盤付近と高くぶれやすい重心の圧中心点（重心から下ろした垂直線と支持基底面が交わる点）の位置を留めておかなければならないのです。

三脚でいえば、三本ある脚を広げず、真下に伸ばしたままの状態で立てようとするようなもの。ひどくグラグラして、自立させることは不可能でしょう。

四本脚で立つ一般的な動物と比べても、ヒトの支持基底面が非常に狭いのは明らかです。たとえば、体重が同程度の大型犬と比べると、ヒトの支持基底面は数分の1しかありません。

しかも、ヒトは立っているとき、完全に動かないでいることはできません。一見、まったく動いていないようでも、ただ静かに呼吸をするだけで、胸を中心として体が少し動いています。わずかでも動くたびにバランスは崩れるので、そのたびに前後左右と圧中心点は動き、支持基底面から外れます。立つことができるのは不思議と思えるほどです。

重力に対して姿勢を保持する「姿勢筋」

本来、不自然な動きといえる直立二足歩行。立ったり座ったり歩いたりという、さまざまな動きをするなかで、いかにうまくバランスを取るかが非常に重要です。

バランスを保つために大事なのは、重心の高さ。これが地面から近いほど、バランスを保ちやすくなります。

ヒトの場合、重心はへそのあたりで、足先からだいたい1メートルほどと高い位置にあります。さらに支持基底面は極めて小さいので、バランスを取るのは容易ではありません。

同じ二本足で立っていても、ぴくりともしない人形やフュギュアとは違って、ヒトは常に必ず動いています。それでも姿勢を保って行動できるのは、自分では気づかぬうちに、体が休むことなく微調整（反射作用を含む）をしてくれているからです。

意識することなく、重力に対してバランスを取れているのは、さまざまな関節と筋肉が絶えず働いているおかげです。

足やひざ、股関節、仙骨から頸椎にいたる超多関節ともいえる背骨、それら関節を動かすさまざまな筋肉が連携し、わずかでも体のバランスが崩れると、倒れてしまわないように微調整するようになっています。


本書のタイトルにもなっている「姿勢筋」とは、良い姿勢でいるための筋肉です。姿勢とは重力に対してバランスを取ることなので、重力に対して働く筋肉のことで、学術的には「抗重力筋」という名がついています。なので「抗重力筋」＝「姿勢筋」ということができます。

姿勢を保つための筋肉と聞けば、背骨まわりの筋肉のことかと思うかもしれません。しかし、それだけではなく、脚やお尻、お腹や腰と、背中や首以外の筋肉も姿勢を整えるために働いています。腕以外の筋肉は姿勢筋といっても過言ではないでしょう。

立っているだけ、座っているだけの状態でも、常に微調整するために前後左右で収縮し合っているのが姿勢筋です。非常に働き者であると同時に、疲れがたまりやすい筋肉でもあります。

姿勢を決めるのは骨盤の傾き具合

姿勢と深く関係しているのが、上半身と下半身をつなぐ骨盤です。骨盤は真っ直ぐに立っている状態が良いのではなく、やや前傾しているのがベストと説明しました。

その逆に、骨盤が後ろ側に傾いた場合、S字のカーブが乱れ、骨盤から頭までつながる背骨とともに、頭を含めた上半身全体が後ろ側に倒れ気味になります。ややのけぞったような、いかにも不自然な姿勢です。

この状態で重力に対してバランスを取るには、背骨を丸めるしかありません。重い頭を前方に持っていくことによって、全体のバランスを取るわけです。当然、背中は丸まって、代表的な悪い姿勢である猫背になってしまいます。こうした猫背は中高年に多く見られ、加齢によって、骨盤を支える姿勢筋が衰えるのが原因で起こります。

一方、骨盤が前側に傾き過ぎた場合も、やはり猫背になることが少なくありません。

骨盤が前側に大きく傾くと、それに伴ってお尻が後ろに突き出されます。これが背骨に負担をかけ、S字カーブの曲がり具合が大きくなって、その結果、猫背になってしまうのです。骨盤が後傾した場合とは違って、このタイプの猫背は若い年代に多く見られます。

骨盤と姿勢との強い関係性は、あぐらをかいてみると実感できるでしょう。普通にあぐらをかくと、骨盤が後ろに倒れることから、どうしても背中が丸まりがちになります。

これに対して、お尻の下にクッションなどを敷いて座ると、骨盤が前にちょうど良く傾くので、背筋を伸ばしやすくなるはずです。

このように、姿勢を決める重要な要素が骨盤。そして、その働きは骨盤とつながる姿勢筋と深く関係しています。

骨盤とつながり、姿勢を決める「姿勢筋」

骨盤の働きを左右する姿勢筋のなかでも、特に重要な役目を持っているのは腸腰筋《ちょうようきん》です。腸腰筋は体の深い部分にある筋肉で、骨盤の周辺にあり上半身と下半身をつなげる唯一の筋肉です。

腸腰筋の働きが低下すると、骨盤は後ろに倒れてしまいます。その状態が続き、筋肉がこわばって姿勢が固まってしまったら、猫背になってしまうのです。

腸腰筋に加えて、背骨の左右後ろ側を縦に走る脊柱起立筋《せきちゅうきりつきん》も、骨盤の傾きに影響する重要な姿勢筋です。

ほかにも、太ももの前側にある大腿直筋《だいたいちょっきん》、後ろ側にあるハムストリング、お尻を動かす大殿筋《だいでんきん》、腹筋の正式な呼び方である腹直筋など、主要な姿勢筋は骨盤とつながって存在しています。

姿勢を保てるのは、これらが反射的にも、適切に収縮し合いながら、重力に対してバランスを取っているから。こうした体のメカニズムにより、姿勢筋の筋力が低下すると姿勢を悪くしてしまうのです。

加齢によって、姿勢筋は失われていく！

残念ながら、年齢を重ねるごとに、筋肉は落ちていきます。

早い人は40代半ば、遅くても50歳を過ぎると、お風呂で鏡に映る自分の体がみすぼらしく見えたり、重いものを持ち上げるのが辛く感じたりするようになります。ああ衰えたな……と残念に感じる瞬間です。

けれども、筋肉は40代以降になって、急激に失われていくわけではありません。もっと早く、30歳ごろから少しずつ筋肉は落ちていくようになります。

とはいっても姿勢筋=抗重力筋なのならば、立ったり、立ち上がったり、歩いたりするだけでも、あるいは座っているときでさえ筋肉は働いているのだから、加齢の影響は受けにくく、衰えにくいのではないか。そう考える方も多いのではないかと思います。

しかし、そうではないのです。じつは残念なことに、腕などの筋肉と比べて、姿勢筋は加齢によって衰えやすいことが明らかになっています。

たとえば、太ももの前側にある大腿四頭筋《だいたいしとうきん》（大腿直筋はその一部）は、30歳くらいから毎年0・5％ほど筋肉量が減っていきます。さらに50歳を超えたあたりから、加齢に運動不足なども加わって、筋肉量の減少具合が加速し、毎年1％ずつ減っていくとされています。加齢による筋肉が減少することを「サルコペニア」といいます。

日頃から特に運動をしない人の場合、単純計算をすると、40歳では30歳のときの95％、50歳では90％、60歳では80％、70歳では75％、80歳になると65％にまで筋肉量が減ってしまいます。

鏡の前で「筋肉が落ちたな…」と嘆いたときには、すでに若いころと比べて、筋肉が10％前後も落ちていることになるわけです。

ほかの姿勢筋も、加齢によって、同じように衰えていきます。筋力は筋肉量に比例するので、年を取るにつれて、良い姿勢が保てなくなるのも無理はありません。

なぜ、日々必ず使われる姿勢筋が、ほかの筋肉よりも早く落ちていくのか。これにはいくつかの仮説があります。

ひとつは生物の最大の目的、子孫を残すというミッションに関連し、種の継続には早い世代交代が効率的だというもの。子孫をつくれない年齢になったら、必要な筋肉ほど早く衰えていき、速やかに退場していくのがいい、という考え方です。私が東京大学大学院で師事した石井直方先生がゼミの中で、加齢と筋肉（サルコペニア）をテーマに話していたときに「死は生と同じくらい種にとっては大切なこと」と話していたのが印象的です。

もうひとつは、筋肉は大きなエネルギーを消費するので、さほど必要でないものは量を減らしていく、というものです。この考え方により、年を取ってあまり活動しなくなったら、太ももや体幹まわり、お尻周辺などの大きな筋肉から先に減らし、効率的にエネルギーの浪費を抑えていこうとしていくわけです。いずれの理由にせよ、年齢を重ねることによって、筋肉量が落ちていくのは確かです。

しかし、もちろん、打つ手がないわけではありません。日々のトレーニングによって、筋肉量の減少度合を小さくする、あるいは筋肉量を増やすことは可能です。サルコペニアに対しても、姿勢筋を衰えさせないことに対しても最も有効な対策は筋トレをすることです。

40代から姿勢筋を強く鍛えていくには、関節に負担がかからず、自宅でもできるスロートレーニングがおすすめです。そして、トレーニングだけでなく、いい姿勢をつくるためには、それぞれの筋肉が硬直せずに適切に緩んでいることも重要です。

のちほど5章で、それぞれの姿勢筋の鍛え方と、ストレッチによる緩め方を紹介します。ぜひ、無理なく習慣に取り入れて、良い姿勢と動ける体を取りもどしてください。

第2章

自分の姿勢を チェックしてみましょう

良くない姿勢に気づくことが大事

姿勢とは何か、悪い姿勢がもたらす弊害、良い姿勢とはどういったものなのか、といった重要なことを1章で示しました。

では、普段、あなたはどういう姿勢をしているか、しっかり自覚しているでしょうか。

いや、じつはよくわからない……という人は少なくないでしょう。鏡の前に立つときも、確認するのは髪型や服装くらい。自分の姿勢をチェックすることはあまりないですよね。

良い姿勢と悪い姿勢の違いについては、次の見開きに写真で紹介しています。自分はどちらなのか、鏡の前に立ってチェックしてみましょう。

身近な人に写真を撮ってもらうのもいいかもしれません。

良い姿勢というのは、写真で見れば一目瞭然。横から見た際、頭から足まで、一直線に通っています。1章で説明した、遊びはじめる前の「だるま落とし」の状態です。

一方、悪い姿勢はただ背中が丸まっているだけではありません。体のあちこちが前後にずれており、何だか不格好にでこぼこしています。遊んでいる最中の「だるま落とし」が、まさにこの状態。不自然な形で、かろうじてバランスを保っているのです。

まずは自分の姿勢が良いのか、悪いのか、気づくことが大事。姿勢の悪さをおわかりいただけたのなら、それがクセになって姿勢筋がこり固まらないように、1時間に一度くらいでもいいので、意識的に良い姿勢を取ってみましょう。それができるようになってきたら、その姿勢をできるだけ保てるように努力していきましょう。

体に負担の少ない良い姿勢

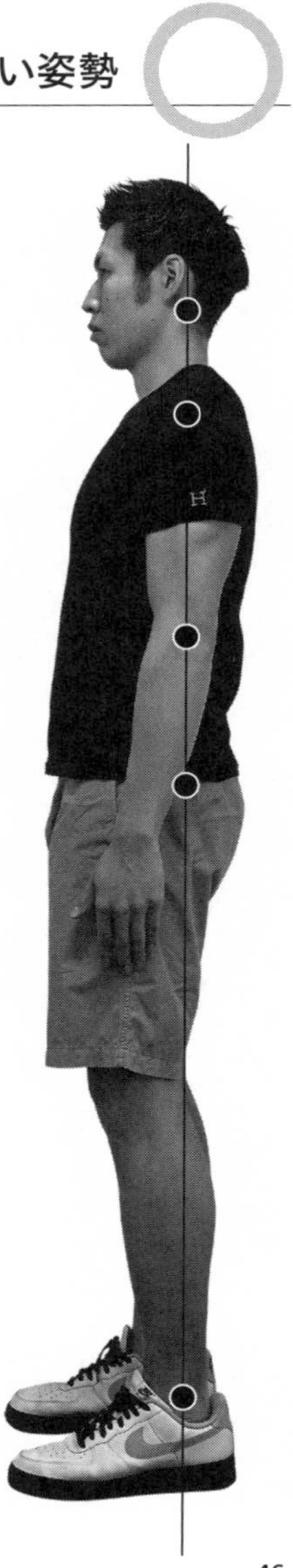

・くるぶしと頭を結ぶ線が体の中心にあり一直線である

・背筋が真っすぐに延びている
※背骨は緩やかなS字状

・前後左右にバランスの取れた状態なので、エネルギーを無駄に使わず、長時間、この姿勢を保っても疲れない

・関節に余計な負荷がかからないので痛めにくい

体に負担がかかる悪い姿勢

- くるぶしと頭を結ぶ線から、肩やひざなどがずれている
- 骨盤が後方に傾き、上半身が後ろ側に倒れることから、猫背になっている
- 背骨が後方に引っ張られるので、頭を前に突き出してバランスを取っている
- 体のバランスが取れていないので、余計なエネルギーを消費し、すぐに疲れてしまう
- 前後左右のアンバランスから、関節に余計な負荷がかかっている

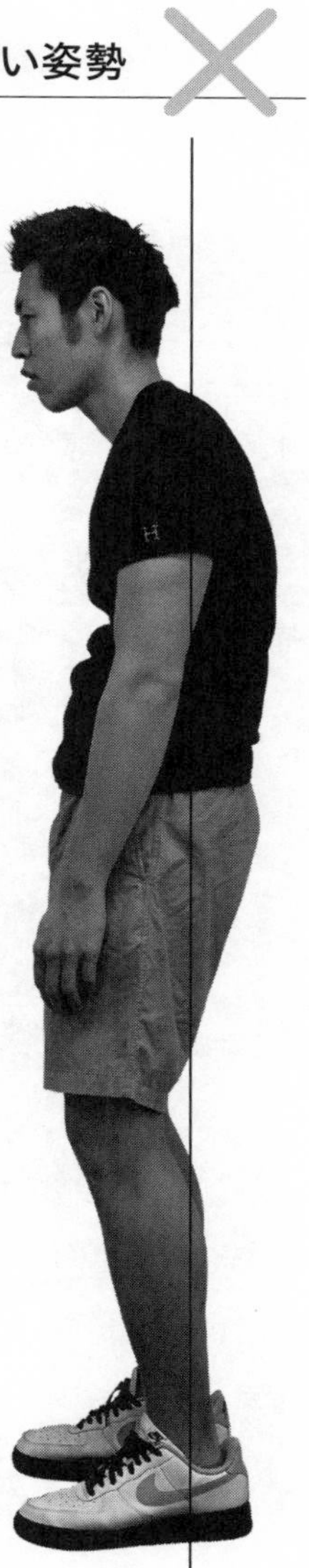

姿勢筋が衰えているサインは？

自分では気がつかなくても、じつは姿勢筋が衰えている人はたくさんいます。さて、あなたはどうでしょう。次にあげる16項目の中で、当てはまるものをチェックしてください。

□ 姿勢が悪いとよくいわれる
□ お尻が薄く、平べったい。垂れてきた
□ 慢性的な腰痛がある
□ 冷え性だ
□ 正座をするのが苦痛

□ 椅子に座ると必ず足を組む
□ 足がむくむ
□ ペットボトルが開けづらい
□ 立ったまま片足で靴下を履けない
□ 床に座った状態からは、手をつかないと立ち上がれない
□ よくつまずく
□ 息切れする
□ 以前に比べて歩く速度が遅くなった。人によく抜かれる
□ 階段を上がるのが億劫。エスカレーターがあれば迷わず選ぶ
□ 掃除機の使用、布団の上げ下ろしなど、やや重い家事が億劫
□ 週に1回も運動しない。

いかがでしたか？　当てはまるサインが半分以上あった人は、姿勢筋がかなり衰えているはずです。

このままでは悪い姿勢がクセになって、体のさまざまなところに悪影響が及ぶ可能性があります。

あるいは、すでに腰痛や肩こりといった不快な症状の原因となっており、免疫力も低下しているかもしれません。

5章で紹介する姿勢筋スロートレーニングと姿勢筋ストレッチを、毎日の習慣にぜひ取り入れてください。

目を閉じて行う自己チェックも有効

前ページに載せたのは、普段の行動や体の状態から、姿勢筋がどうなっているのかを推察する方法です。

次は、実際に自分の体を使って、姿勢筋の衰えを実感できる方法をいくつか紹介しましょう。

☑目を閉じて、その場足踏み

まずひとつは、目を閉じて、その場で30秒ほど足踏みする測定の仕方です。狭い場所でやると危ないので、公園などの広い場所で、誰かに見てもらいながら行いましょう。

簡単にできると思う人は多いでしょうが、試してみると、意外な結果に驚くことになりそうです。

30秒たってから目を開けると、足踏みを開始した地点に立っている人はごく少数。ほとんどの人は前に進んでいるか、回転していることでしょう。

前に進んでいる人は、体の前側にある姿勢筋が日ごろから収縮し、固まっている証拠です。

回転してしまった場合は、回った側の姿勢筋に問題があります。右に回ったのなら体の右側、左に回った場合は左側が固まっていることが考えられます。

※十分なスペースを確保し、転倒やものにぶつからないようにしましょう

☑目を閉じて、万歳

同じように目を閉じて、万歳のように両手を上げるチェック方法も試してください。この場合も、両手の指先が同じ高さまで上がらないことがあります。

左右の指先の高さがややズレてしまったのなら、腕の筋肉の問題というよりも、高く上げられなかった側の姿勢筋が固まり、体の軸がズレていることが考えられます。

この万歳方式は、人にスマホなどで写真や動画を撮影してもらって確認してください。

☑目を閉じて、お辞儀

スマホで撮影するチェック方法としては、目を閉じて、お辞儀をするやり方も試してみましょう。ゆっくりと深くお辞儀をしたところを正面もしくは後方から撮影してもらうのです。

このお辞儀の場合も、肩や骨盤が左右に傾いてずれていることが少なくありません。真っすぐお辞儀をしているつもりでも、左右にずれた方向にお辞儀しているということもあるでしょう。これは、左右の姿勢筋が凝り固るなど、うまく動かなくなっていることが原因です。

16項目のサインのチェックに加えて、こうした測定方法もぜひ行ってください。自分の体のどこに問題があるのかを把握し、その部分を重点的にトレーニングで鍛え、ストレッチで緩めるようにしましょう。

悪い姿勢を放置すれば「ロコモ」に

「ロコモ」という言葉を聞いたことがあるのではないでしょうか。「ロコモティブシンドローム」の略で、立ったり歩いたりするための骨や関節、筋肉などの運動器が衰えることをいいます。

全身の運動機能のなかでも、ロコモの予防で重要視するのは足腰の筋力。歩くことに障害が出たら、介護が必要になって、生活が一変してしまうからです。さらに足腰が弱り、立ち上がれなくなった場合、寝たきりになって人生の最晩年を過ごすことになります。

まだ40代、50代の人なら、ロコモなんて自分には関係ない、と思っているかもしれません。しかし、以前と比べて体が動かないことを実感し、「姿勢筋が衰えているサイン」の多くに該当するようなら、もはや人ごとではありません。

姿勢筋の多くは骨盤に関連し、立ったり歩いたりするために欠かせない筋肉です。悪い姿勢を取り続けることによって、これらの姿勢筋が固まってしまうと、足腰を中心に運動機能に悪影響が出てきます。

筋肉は30歳くらいから減少をはじめますが、姿勢筋を正しく使わないことによって、その減少度合いが高くなっていく可能性があります。

骨盤が正常な角度で保てなくなると、歩行時、歩幅が狭くなることがあります。そうなると、歩行自体の運動強度が低くなるので、より一層、筋力は低下することが考えられます。

良い姿勢を保てないでいると、姿勢筋の筋力低下につながり、以前のように力強く歩けなくなって、さらに姿勢筋が衰える……。こういった負の連鎖によって、まだ40代、50代のうちから、ロコモに向かって進んでいくことになりかねないのです。

姿勢筋は何歳からでも鍛えられる

この章で紹介するチェックを試し、鏡で自分の姿を見た結果、姿勢が良くないことを改めて確認する人は多いでしょう。そういった人は姿勢筋の筋力が低下している可能性が高いので、トレーニングを行う必要があります。

しかし、そもそも運動するのが嫌いな人は、いろいろな理屈をつけて、こうしたトレーニングを避けようとするもの。たとえば、この年齢になって筋トレしても、筋肉はなかなかつかないし……といったやりたくないがための理屈です。

確かに、20代のころと比べると、中年といわれるようになった年代の人は、トレーニングをしてもあまり効果が得られないような気がするかもしれません。けれども、その考えは大きな間違いです。

高齢者の入り口に立つ60代半ばの人たちを対象に、筋力トレーニングの実験をした研究があります。その報告によると、筋肉が育つ速度は若い年代と変わらない、という結果になりました。

もっと高い年齢の85歳から97歳を対象とした興味深い研究も紹介しましょう。こうした高齢者でも、筋力トレーニングをすることによって筋肉量が増加し、それにつれて筋力もアップしたのです。

何歳になっても、適切なトレーニングをすれば、筋肉は結果を出してくれます。あなたが40代、50代でも、60代以降のシニアであっても、まったく問題ありません。

背中が丸まった悪い姿勢は、いまのままでは体が衰えていくという明確なサイン。いずれロコモを招いたり、体のあちこちに弊害が表れたりします。確認したら、放置しないようにしましょう。

第3章

その不調、姿勢の悪さが原因かもしれません

肩こりの大きな原因は姿勢の悪さ

悪い姿勢は体にさまざまな悪影響を与えます。この章では、そういった弊害について考えていきましょう。

姿勢と直結しそうな体の不調に肩こりがあげられます。肩こりは主に、後頭部から首、肩、背中上部にかけて存在する大きな筋肉、僧帽筋《そうぼうきん》が緊張することで起こります。

症状の軽いときは筋肉が張ったり、違和感がある程度ですが、収縮状態が続いて凝り固まると、痛みがあったり、腕が上がらなくなったりします。さらにひどくなると、頭痛や吐き気を伴う場合まであります。

姿勢を正すことにより、症状が改善するのなら、ぜひそうしたいと思う人は多いでしょう。

肩こりと姿勢の関係について、私の師でもある石井直方先生の研究を紹介します。

研究では被験者に両手を前に上げた姿勢を取ってもらい、肩の筋肉が緊張する状態をつくり出しました。こうして筋肉中の血液を調べてみると、酸素濃度が明らかに落ちていたのです。

筋肉の緊張が続くと血行が悪くなり、神経を刺激して痛みを感じさせる物質が筋肉中に増えていきます。同時に、筋肉自体も固くなっていき、肩こりの状態になっていく、というメカニズムです。

パソコンやスマホを使い続け、顔が前に突き出ている姿勢が続くと、その間、バランスを取るために肩や首、背中などの筋肉が緊張し続けます。

そうした悪い姿勢を取ることが多いと、やがてクセになり、ますます筋肉の緊張は解けなくなります。その結果、肩こりに悩まされるようになってしまうのです。

首や肩まわりの筋肉がこると、頭痛を起こしやすいともいわれています。頭痛に悩まされている人も、姿勢を見直す必要があるでしょう。

悪い姿勢を取っていることに気づいたら、とりあえず、丸まった背中を伸ばすようにしましょう。スマホのアラームなどを利用し、1時間に1回程度、良い姿勢に直すことを意識するのもおすすめです。

加齢による筋肉量の減少も含めて、関連する筋肉自体が衰えている可能性も大きいので、5章で紹介する姿勢筋スロートレーニングで鍛え、ストレッチで緩めてあげるのも大切です。

悪い姿勢が呼び込むほかの弊害についても、対策は同じだと考えてください。姿勢が良くなるにつれて、悩まされていた症状がやわらぐ可能性があります。

腰痛やひざの痛みを引き起こすことも

よくある体の痛みやトラブルには、肩こりのほかに、腰痛やひざの痛みなどもあげられます。こういった嫌な痛みも、悪い姿勢と関連している場合があります。

これまでも説明してきたように、姿勢が悪いと、重力のバランスを取るために、本来は必要ではない負荷が筋肉に加わります。こうした状態が続くことによって、体重を支える腰やひざの関節の負担が大きくなり、やがて痛みを感じる可能性は十分あります。

また、脚の痛みなどでよく聞くのは、まず片方の脚が悪くなり、それをかばっているうちに、もう片方の脚に余分な負荷がかかることにより、両脚ともに痛くなってしまうという例です。

こうしたケースでは、姿勢が直接的な原因ではないものの、結果として、体の不調に強く関連していることになります。姿勢の悪さも加担した負の連鎖といっていいでしょう。

いずれにしても、姿勢が大きな要因となるので、腰やひざに痛みを感じた場合は、間違った姿勢を取っていないのか、改めて確認して直すことが大切です。

姿勢を起点に、生活習慣病にいたるドミノ倒し

脳卒中や心筋梗塞など、命にかかわる生活習慣病、あるいはその前段階としてのメタボ。これらの非常に警戒すべき病は、じつはそもそも姿

勢の悪さが原因となっている。こう聞くと、どう感じますか？

肩こりやひざの痛みにつながるのはわかるけど、生活習慣病まで引き起こすはずはない、と思うのではないでしょうか。しかし、命にかかわるこれらの病の要因をたどっていくと、じつは（間接的ではあるけれど）悪い姿勢に突き当たる可能性があるのです。

生活習慣病の発症と要因に関して、2003年に提唱された「メタボリックドミノ」という考え方があります。

生活習慣病、いわゆるメタボリックシンドロームのさまざまな病は肥満（主には内臓脂肪の蓄積）が原因となっているというものです。

肥満を起点として、高血圧や高血糖、高脂血症などを発症。これらによって虚血性心疾患や脳血管障害、腎臓病といった代表的な生活習慣病が起こり、最終的に心不全や脳卒中などにいたってしまうのです。最悪の結果に向けて、こうした負の連鎖がドミノ倒しのように続くという考え方です。

メタボリックドミノの起点は肥満ですが、その肥満に姿勢が大きく関係する可能性があります。

体重が増えれば、体中の筋肉・関節への負担が大きくなるので、どうしても姿勢が悪くなります。さまざまな姿勢を保つのがつらくなり、痛みも出てくるでしょう。悪い姿勢しかできなくなると、ますます動きづらくなり、動くことが億劫になります。すると体重は一層増えていくでしょう。まさに負の連鎖がスタートするのです。

その結果、高血圧などが起こり、生活習慣病の発症につながっていくというドミノ倒しになるのです。

これは肥満からスタートする連鎖ですが、姿勢からはじまるケースも考えられます。

パソコン作業やスマホの見過ぎ、加齢などによって姿勢が崩れると、疲れやすさから歩く速度が遅くなる、といった具合に運動量が減っていきます。この運動量の低下が肥満につながり、肥満のドミノが次の高血圧のドミノに倒れかかる、という連鎖になっていきます。

肥満が起点でも、その原因として姿勢があるケースでも、そこから続く負のスパイラルは同じ。どちらも十分起こり得るドミノ倒しでしょう。生活習慣病を予防するためにも、日ごろから姿勢には気をつける必要があるのです。

筋肉が減ると、体温が低下して免疫力が下がる

2020年1月、日本国内ではじめて感染者が確認された新型コロナウイルス。以来、クローズアップされているのが、感染防止と強くかか

わる体の免疫力です。

いまの時代、非常に重要視されるこの免疫力についても、姿勢は小さくない役割を担っています。

免疫力の強さを決める大きな要素は体温。そして人の体の中で、熱を最も発生させているのは筋肉なのです。筋肉が多いと熱量が増えて体温が上昇します。これに対して、筋肉が少ないとあまり熱を発生できないので、高い体温を保つことができません。

体温が1℃上がると、免疫力は5倍から6倍もアップするといわれています。体温を上げる方法としては入浴も有効ですが、得られる効果は一時的なもの。高い免疫力を保ち続けるには、筋肉の量を増やすことが何よりなのです。

日本人の体温は平均36・2℃。しかし、半世紀ほど前は平均36・89

℃もあったことがわかっています。約50年で0・7℃ほども下がってしまったのはなぜでしょう。

その理由として、昔の日本人のほうが筋肉の占める割合が高かったからではないか、という説があります。

昭和30、40年代、交通機関はいまほど発達しておらず、便利な電化製品も普及していませんでした。このため、当時の日本人は現在よりもはるかに歩き、家事の力仕事も多かったはずです。

こうした運動量の多い日常を過ごしていたことから、多くの筋肉を身につけており、生み出される熱量も多かったという理屈です。

腕などの一部を除き、体の筋肉のほとんどは重力に対してバランスを保つ姿勢筋。この重要な姿勢筋の筋肉量が少なくなると、背中が丸まるなど姿勢が悪くなります。

姿勢が悪い人は運動不足になりがちなので、筋肉量低下に一層拍車がかかってしまいます。こうして体温が下がり、それにつれて免疫力も低下していくわけです。

背中が丸まると内臓が圧迫され、血流が悪くなることも見逃せません。血流も体温と深くかかわっているので、なおさら体温は下がって、免疫力の低下につながってしまうのです。

怖い感染症予防のためにも、姿勢筋を鍛えて筋肉量を増やし、丸まった背中を伸ばすことが大切です。

姿勢は心の健康にも深く関連している

さまざまなビジネスセミナーや自己啓発の研修では、受講者に対して、「まずは胸を張ってみよう」とよく投げかけられます。

これは、姿勢が心の健康にひと役買っていることを利用したもの。胸を張って前や上を見るだけで、何となく気持ちが大きくなり、自信が湧いてくるような気持ちになります。その逆に、肩を丸めてうつむいていたら、ふさぎ込んだ気持ちになりがちです。

こうした姿勢と心の関係については、多くの報告があります。

一例として、ハーバード大学の有名な研究を紹介しましょう。自信がみなぎるような良い姿勢をしてもらったグループと、ふさぎ込んで自信がなさそうな姿勢を取ったグループを比較したものです。

これらの姿勢を取る前後、心身がストレスを受けているときに分泌されるコルチゾールというホルモンの量を検査。その結果、良い姿勢をしたグループではコルチゾールの分泌量が低下し、悪い姿勢のグループでは増加しました。

背中を丸めてうつむいていると、なぜだか憂うつになっていくような気がするのは、生理学的に根拠のある変化だったのです。

心の健康のためにも、悪い姿勢を取るのはNG。背筋を伸ばして良い姿勢を保ち、前向きな気持ちを呼び込むようにしましょう。

第4章

頭も体も見た目も「姿勢筋」がアンチエイジングの要です

姿勢が良いと、老けて見えない

首や肩が緊張しないので肩こりにならない、よく動けるから肥満になりにくい、筋肉量をキープして体温を上げて免疫力をアップする、前向きで晴れ晴れとした気持ちになる――。

良い姿勢を保っていると、これまで紹介してきたような数多くのメリットがあります。これらの心身の健康に関するプラス面に加えて、とてもうれしい利点があります！　それは「若く見える」ことです。

役者さんが高齢者の役を演じるときの基本は、背中を丸めて猫背になり、歩幅を狭くすることだそうです。確かに、そういった立ち方、歩き方をするお年寄りはたくさんいます。

逆にいえば、それなりの年齢になっても、背中を伸ばしてシュッと立ったり、大きな歩幅で歩いたりするだけで、年齢よりも若く見られるということです。

「若いよねえ」「そんな年には全然見えない」などといわれると、ますます見た目を若く保とうという気になります。

精神が前向きになり、新しいことにチャレンジするアクティブな気持ちも湧いてくるでしょう。そして、一層若々しく見えるという好循環が生まれます。

背筋を伸ばした速足は若く見える

歩幅については、試しに猫背になって歩いてみたらわかりますが、確かにこの姿勢だと大きな歩幅では歩けません。必然的に日ごろの運動量が減り、足腰などの姿勢筋がますます衰えていくという負の連鎖が起こってしまいます。

一方、50代や60代になっても強靭な姿勢筋を保ち、背筋を伸ばして歩くことができれば、歩幅も自然と広くなって、ゆっくり歩くとき以上の運動効果が得られます。

速く歩く人は、それだけで若く見えるものです。日ごろから大股で、サッサッと速い回転で足を動かすことを心がけて、足腰や体幹まわりの重要な姿勢筋が衰えないように心がけましょう。

動ける体をキープできれば、日常生活における動きもきびきびして、はつらつとした印象を与えることができるでしょう。

年を取ると、歩いているときにちょっとした段差でつまずくことも増えてきます。年齢の割につまずきやすいのなら、姿勢が悪くなっているのかもしれません。

良い姿勢を保つため、最も重要な姿勢筋は腸腰筋です。腸腰筋は骨盤内部にあり、上半身と下半身をつなげる唯一の筋肉で、骨盤を適切な角度に保つ役割を担っています。

この腸腰筋には脚を持ち上げる役目もあり、筋力が低下すると、思ったよりも脚が上がらず、少しの段差でつまずいてしまうのです。

姿勢の悪さがつまずきの直接的な原因というわけではありませんが、その裏に潜んでいるのは腸腰筋の衰え。悪い姿勢になっている人はつまずきやすい、といっていいでしょう。

良い姿勢を保つと、肌の健康もキープできる

見た目のアンチエイジングでいえば、良い姿勢を保っていると、肌にも好影響を与える可能性があります。

50代以降、肌にはシミやしわが目立つようになり、人によっては実年齢以上の〝老けた肌〟になってしまいます。

こうした肌の見た目に大きくかかわっているのが新陳代謝で、これを決める大きな要素が血流です。血液の流れが良くないと、酸素や栄養が体に行き渡りません。このため、新しい健康な細胞をつくる力も低下してしまうのです。

良い姿勢を保てる人は、姿勢筋の筋肉量が多いのに加え、いつも胸を大きく開いているので内臓に対する負担が少なく、血流が多くなる傾向にあります。

このため体中で新陳代謝が盛んに行われ、肌の健康も保てるという考え方ができます。生理学的に見ても、姿勢はアンチエイジングに大きくかかわっているのです。

高齢者に多い誤嚥性肺炎を招くのも姿勢

食事をしたり、お茶やコーヒーを飲んだりするとき、気道に入ってむせてしまうことはありませんか。

これが加齢によって多くなる誤嚥《ごえん》。まだ40代、50代の人なら、せきなどによって排出することができますが、のどの力が弱った高齢者は、異物が気道の奥や肺にまで入る場合があります。

こうした誤嚥で入り込んだ細菌に感染し、発症するのが誤嚥性肺炎。生命にかかわる呼吸器系の怖い病気で、2021年には日本人の死因の第6位になっています。

誤嚥は老化によって飲み込む力、吐き出す力が衰えてしまうのが原因で起こります。加えて、じつは悪い姿勢も誤嚥につながることが少なくありません。

良くないのは、背中を丸めた猫背で、しかもあごを突き出している姿勢。これで飲んだり食べたりすると、口に入れたものが食道ではなく、気道に入り込みやすくなるのです。

飲食の際には姿勢を正して、食べものや飲みものが食道にすんなり入っていくようにしましょう。

高齢でなければ、誤嚥が肺炎につながる可能性は少ないでしょうが、むせて苦しいことには変わりはありません。それに食事中によくむせる人は、何となく、実年齢よりも老けた印象を与えるものです。

しっかり飲み込むには、口の中で舌を動かしやすい状態にしておくことも重要です。背中が丸まって、あごを突き出している姿勢でものを食べると、口の中が窮屈で舌を自由に動かしにくくなります。やはり、飲食の際には背筋を伸ばすことが大切なのです。

脳を若々しく保つ効果もあり

日ごろから良い姿勢を習慣づけると、脳のアンチエイジングに対する効果も期待できます。近年の研究により、体をよく動かすと脳の機能を高めることが確認されているからです。

マウスを使って両者の関係性を調べた興味深い実験を紹介しましょう。実験ではマウスに運動させ、脳内でどういった変化が生じるのかを調べました。

運動したマウスの脳内では、イリシンという物質が増加。その働きによって、記憶をつかさどる脳の領域、海馬《かいば》で重要な働きをする物質が増えました。さらにその物質の作用によって、脳の機能を高める神経細胞が増殖することがわかったのです。

イリシンは筋肉から分泌されるという報告があり、それが体内を循環して脳内に入ることも明らかになっています。

こうした体の複雑な仕組みから、運動によって脳の働きを活性化することが可能なわけです。

もちろん、良い姿勢を保っていれば、それだけでイリシンが分泌されるというわけではありません。

しかし、動ける体には、良い姿勢を支えるための強い姿勢筋が必要です。この意味から、良い姿勢は脳の働きを良くするためのベースのひとつだといえます。

運動と脳の関係については近年、さまざまな研究が発表されており、高齢のマウスを運動させると、アルツハイマー型認知症を引き起こすアミロイドβという物質が脳内で減少するという報告もあります。

また、人間を被験者とした調査では、活動量が多い高齢者ほど認知症になりにくい、という結果が出ました。とはいえ、認知症の発症によって活動量が減ることも考えられるので、この研究だけでは運動に認知症の予防効果があると断定はできません。

ただし、多くの研究結果から総合的に考えると、動ける体を保つことが脳の健康にも良いのは確か。そのためにも姿勢筋を日ごろから鍛えておき、良い姿勢をキープすることが重要です。

第5章

スロトレで「姿勢筋」を鍛えましょう

スロートレーニングとは？

この最終章では、「良い姿勢」と「動ける体」を取りもどすことを目的に、良い姿勢のまま固めるため、姿勢筋を鍛えるトレーニングと、凝り固まって収縮し緩められなくなった姿勢筋を緩めるストレッチについて具体的に解説していきます。

姿勢を決める重要な要素は骨盤の角度なので、トレーニングとストレッチの対象となる姿勢筋については、腸腰筋をはじめ、骨盤と強く関連する筋肉を、骨盤の前後・上下・左右と分けてピックアップしました。

トレーニングには、ジムに備えているような専用のマシンを使ったマシントレーニング、バーベルやダンベルを使ったフリーウエイトトレーニング、あるいは腕立て伏せやスクワットのように器具を使わず、自分の体重で筋肉に負荷をかける自重トレーニングと、いろいろなやり方があります。本書で紹介するのは、器具を使わない自重トレーニングにひと工夫して、より効率的に改良されたスロートレーニングです。

スロートレーニング、略して「スロトレ」はその名の通り、ゆっくりした動きで筋肉を鍛えていく方法で、加圧トレーニングを応用して開発されました。加圧トレーニングとは腕や脚のつけ根に専用の加圧ベルトをつけて、静脈の血流を制限したなかで筋肉に負荷をかけるトレーニング方法です。こうした血流が制限された筋肉内の過酷な環境下では、代謝ストレスが大きくなり、少ない負荷で筋肉を効率良く鍛えることができます。

スロトレの場合は、ゆっくり動いて筋肉が収縮した状態を保つことによって、筋肉内の血流を制限して、加圧トレーニングに近い環境をつくり出します。通常のマシントレーニングに比べ、スロトレは負荷が小さいにもかかわらず、代謝的なストレスが蓄積し、その結果、乳酸が筋肉内にどんどん蓄積するようになります。

乳酸が蓄積するような運動は、筋肉に化学的な刺激を促し、「成長ホルモン」「IGF-1」などの筋肉を成長させる働きのあるホルモンを分泌させるようになります。

成長ホルモンは脂肪を分解する働きも持っています。スロトレは筋肉量を増やすだけではなく、ダイエット効果も期待できるトレーニング方法といえます。

ゆっくり動き続けるのがポイント

スロトレは大きな負荷のかかるマシンや重たいバーベルを使わないの

で、体に無理がなく、関節などを痛める心配がありません。日ごろから運動不足の人や高齢者、女性など、誰でも楽に取り組むことができるのが大きな利点です。

筋トレはジムで行うもの、と思っている人も多いでしょうが、スロトレは器具を使わないので場所を選びません。自宅で行うのに最適なトレーニングといっていいでしょう。

スロトレの大きなポイントは、ゆっくり体を動かすこと。しかも、その動きを止めないことが大切です。

たとえば、誰でも知っている腹筋運動を例にあげましょう。姿勢筋のスロトレでも、腹直筋のトレーニングとして紹介しています。

通常、腹筋運動は仰向けになって、上体をよいしょ、よいしょ、とリズム良く起こしていきます。

これに対して、腹直筋のスロトレでは、「1、2、3、4」と数えながら上体をゆっくり起こし、そこから動きを止めないで、また「1、2、3、4」と数えながら上体を倒していきます。

そして、背中を床につける寸前まで下ろし、そこからまたスムーズな動きでゆっくり上体を起こしていきます。

反動をつけると筋肉が脱力し、収縮が緩んで、筋肉内の血流が制限できなくなります。こうした状態のもとでは、筋肉に代謝的なストレスはかからず、乳酸が蓄積するような状態にはなかなかなりません。そのためにはゆっくり動かし続けることが大切なのです。

週3回、8回×3セットを目指そう

筋力トレーニングをするうえでは、回数やセット数、頻度なども大きなポイントになります。

セット数に関しては、筋トレ初心者の場合、セット数をこなすたびにトレーニング効果はどんどん上昇し、4セットをピークにその効果は降下していきます。このデータから、トレーニングは4セットまで。それ以上は効率が悪くなるので、やめていいということになります。

頻度については、初心者は週に行う回数が多ければ多いほど、高いトレーニング効果を得られます。週2回でも筋肉は十分大きくなりますが、もっと育てたいのなら週3回行うのがいいでしょう。

トレーニングの強度に関しては初心者の場合、60%の強度をピークに、それ以上だと効果が落ちてしまいます。それほど大きな負荷ではなく、50～60%の強度で行うのがいいでしょう。その意味からも、自重で負荷をかけるスロトレは初心者にぴったりといえます。

以上のことを考え合わせ、ひとつのトレーニングを5回×2セットからはじめ、余裕ができたら8回×3セットを目指しましょう。各セットのインターバルは60秒から90秒ほど。回数は週3回がベストで、少なくとも週2回は行いたいものです。

続けるコツは、日々の行動に紐づけること

普段、運動する習慣のない人の場合、いざ筋トレをはじめても、しんどい、面倒くさい……などと、長く続かないことが少なくありません。習慣に取り入れることが大切です。習慣づけるコツは、何らかの行動と紐づけて、1日のスケジュールの中に組み込むことです。

例えば、歯磨きをするときには、下半身はある程度自由に動かすこと

ができます。毎日必ずあるこの時間を利用し、スロトレをひとつ行うようにするのです。

ほかにも朝ご飯の前や、帰宅してからすぐ、といったように時間を決めるのがいいでしょう。いずれの場合も、そのあとでストレッチを行って、収縮した筋肉を緩めるようにすれば効果的です。

紹介するスロトレは11種目ありますが、これらを続けて行う必要はありません。ちょっとした時間の中で、1種目のみを行ってもOKです。もっといえば、理想は8回×3セットですが、これを1セット行うだけでも効果は得られます。

1日の中で分散して行うと、姿勢を正す意識づけになるというメリットもあります。上手にすき間の時間を使って、習慣づけるようにしてください。

体重1キロあたり、1グラムのたんぱく質摂取を

せっかくスロトレをはじめるのですから、筋肉を育てるのに有効な食事についても知っておきましょう。

筋肉づくりで最も大切なのはたんぱく質。体重1キロあたり1日1グラム程度の摂取が推奨されています。ただし、50歳以上になると、摂取したたんぱく質に対するたんぱく合成力が落ちていくので、1・5グラム／kgを目標にするのがいいでしょう。

体重60キロの男性なら、1日60グラム、50歳オーバーの方は90グラムです。たんぱく質が豊富な肉や魚、卵、豆など、さまざまな食材を組み合わせて、必要量を摂取してください。

筋肉には瞬発力が高い速筋と、持久力の高い遅筋があり、筋トレで育

てたい筋肉は速筋です。

最近、速筋の多い食品を食べると、体内で吸収後、速筋に合成されやすいことがわかってきました。スケトウダラなどの白身魚には速筋が豊富なので、これらを意識して食べるのもいいでしょう。

また、1回の食事で吸収できるたんぱく質の量には限りがあるため、一度に肉や魚を大量に食べるのではなく、複数回に分けて摂取したいものです。その意味から、たんぱく質のかたまりであるプロテインを利用し、食事とは別に摂取すると、効率的に筋肉をつくることができます。

筋肉を大きくするには、高たんぱく低カロリーの食品がいいということから、糖質を制限したほうがいいと思うかもしれません。しかし、筋肉づくりには糖質も必要です。たんぱく質の多い食品を選びつつ、バランスの良い食事を取るようにしましょう。

骨盤の前側

良い姿勢の要、「腸腰筋」を鍛える

姿勢と非常に関係の深い筋肉が腸腰筋《ちょうようきん》。骨盤の前側中心にあり、上半身と下半身をつなげる唯一の筋肉です。骨盤上部の両脇にある腸骨と大腿骨を結ぶ腸骨筋、腰椎と大腿骨を結ぶ大腰筋のふたつで構成されます。後ろに傾いた骨盤を前に倒すには、この腸腰筋の働きが欠かせません。階段を上り下りするときに働いたり、歩くときに上半身と下半身のバランスを整えたりする作用もあります。

姿勢の悪い場合は、この腸腰筋が正常に働いていない可能性が大。立ったり座ったりしているとき、いつの間にか背中が丸まる人の場合、まずは腸腰筋を鍛える必要があります。基本的なトレーニングに加え、より運動強度の高いものと低いものの3つを紹介します。

腸腰筋があるところ

骨盤まわりの筋肉に効かせるようなイメージで、トレーニングを行いましょう

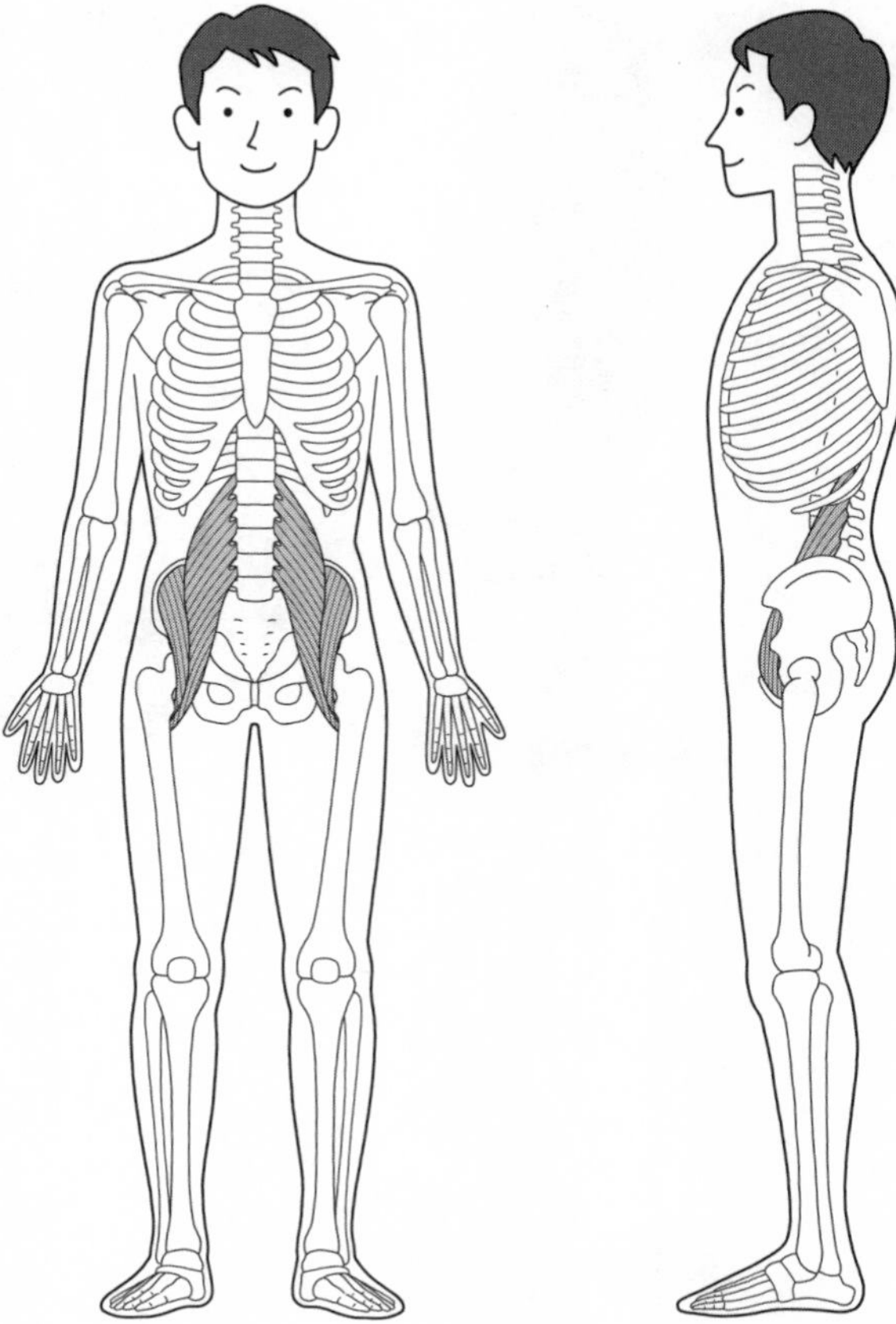

回数 左右3セット

＊すべてのスロトレに共通…1セット5回からはじめ、8回を目標にする。

①

背筋を伸ばして立ち、壁に片手をついて体を支える。片脚のひざを曲げて後ろ側におくる。

ここがポイント！

太ももを水平よりも高く上げたい。高く上げれば上げるほど、トレーニング効果が高くなる。

②

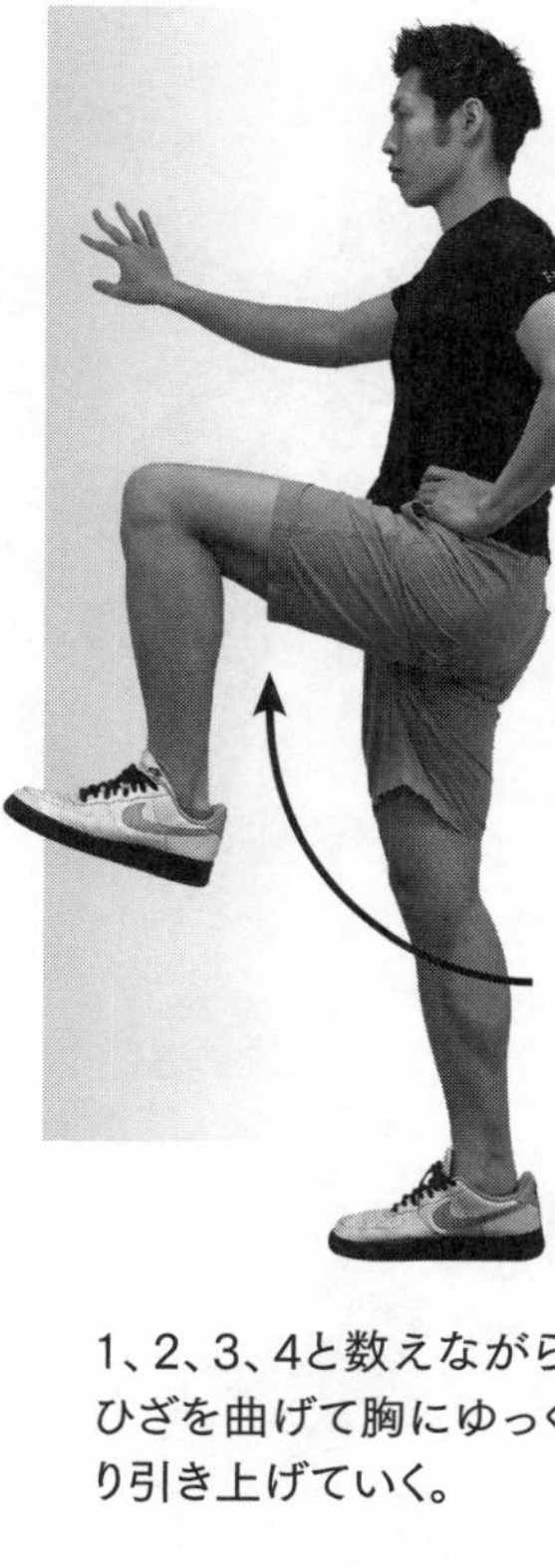

1、2、3、4と数えながら、ひざを曲げて胸にゆっくり引き上げていく。

③

動きを止めずに、ひざを曲げたまま、1、2、3、4と数えながら、もとの位置にゆっくり戻していく。休まず繰り返す。

これはNG

- 脚を前から後ろにおくるとき、足裏を床につけないように注意。
- 脚を横に開かないように注意。真っすぐ上げて、真っすぐ下ろす。
- 脚を前に上げるとき、上体を後ろに傾けないように。運動強度が下がり、トレーニング効果が低くなる。

余裕がある人は

①

体を前に傾けると、運動強度が上がる。壁に片手をついて体を支え、片脚のひざを曲げて後ろ側におくる。

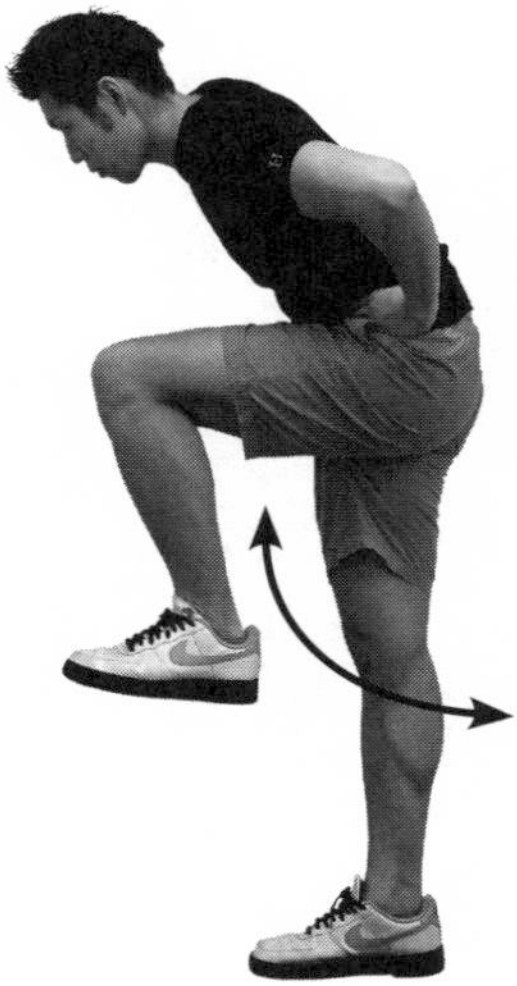

②

1、2、3、4と数えながら、ひざを曲げて胸にゆっくり引き上げていく。動きを止めないで、1、2、3、4と数えながら、もとの位置にゆっくり戻していく。休まず繰り返す。

難しい人は

① 床に仰向けになって体を伸ばし、片脚をやや上げる。

② 1、2、3、4と数えながら、ひざを胸に向けてゆっくり引き上げていく。

③ 動きを止めずに、1、2、3、4と数えながら、脚を伸ばしてもとの位置にゆっくり戻していく。休まず繰り返す。

回数 左右3セット
＊20〜30秒かけて伸ばす。すべてのストレッチに共通

①

両脚を前後に大きく開き、後ろ側の脚のひざをつく。

ここがポイント！

- 前に出した脚は、ひざを直角に曲げる。
- バランスを取りにくい場合、前後に開く脚の間隔を狭めるといい。

②

片方の腕を曲げて上げ、斜め後ろ側に体をひねる。骨盤まわりの筋肉が伸びているのを意識しながら、この姿勢をキープ。

これはNG

腰が痛いときはやってはいけない。腰痛の原因になる。

骨盤の後ろ上側

背筋をピンとさせる「脊柱起立筋」を鍛える

脊柱起立筋《せきちゅうきりつきん》はその名の通り、脊柱（背骨）の首から腰にかけて伸びている筋肉です。最長筋《さいちょうきん》、腸肋筋《ちょうろくきん》などの8つの小さな筋肉が組み合わさってできています。

背筋を真っすぐにする際、しっかり働いてくれるのがこの脊柱起立筋。体の中心部分を走る筋肉なので、姿勢を整えるだけではなく、あらゆる動きで重要な働きを担っています。

脊柱起立筋は、腸腰筋と並んで特に重要な姿勢筋。時間がないときでも、腸腰筋を鍛える基本スロトレ1に加えて、脊柱起立筋を強化する基本スロトレ2を必ず行いましょう。毎日負荷を与えることによって、丸まっていた背中が、しだいに真っすぐ伸びていくはずです。

脊柱起立筋があるところ

背骨に沿って力を加えるようなイメージで、上半身をゆっくり動かしましょう。

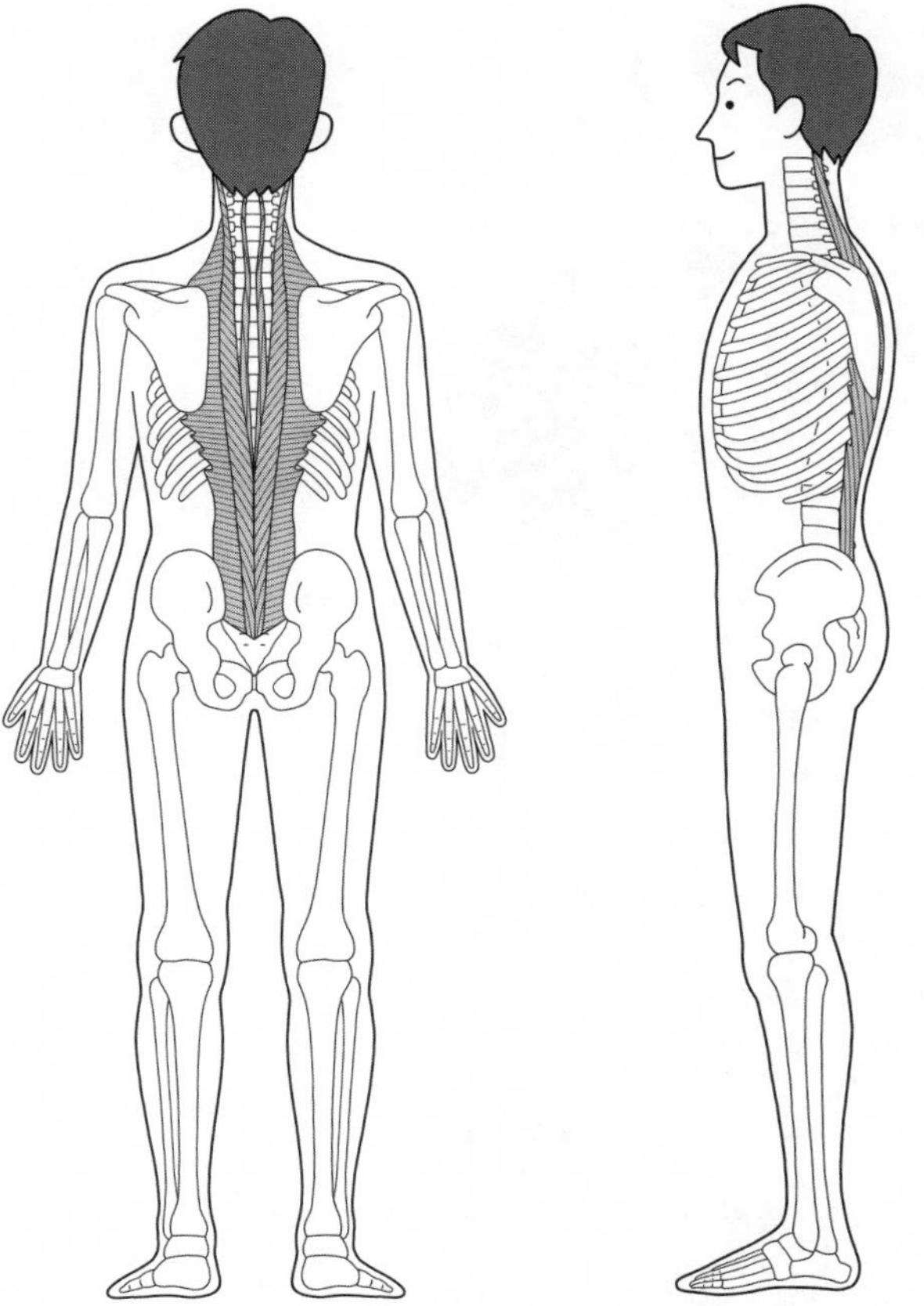

回数 3セット

①

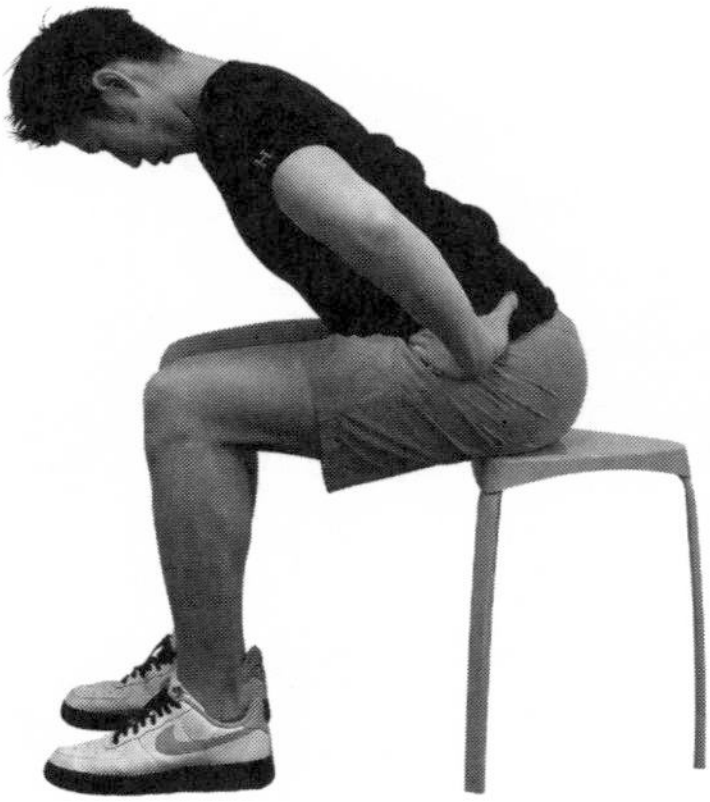

椅子に座って両脚を大きく開き、腰に両手を当てて背筋を伸ばし、上体を少し前に倒す。

ここがポイント！

- ムチがしなるようなイメージで、上体をしっかり丸めていく。
- 体が股に入り込めるくらい、両脚を開いて座る。その両脚の間に、頭と上体が入っていくようなイメージで動かす。

②

1、2、3、4と数えながら、頭を下に向けて体をゆっくり丸めていく。

③

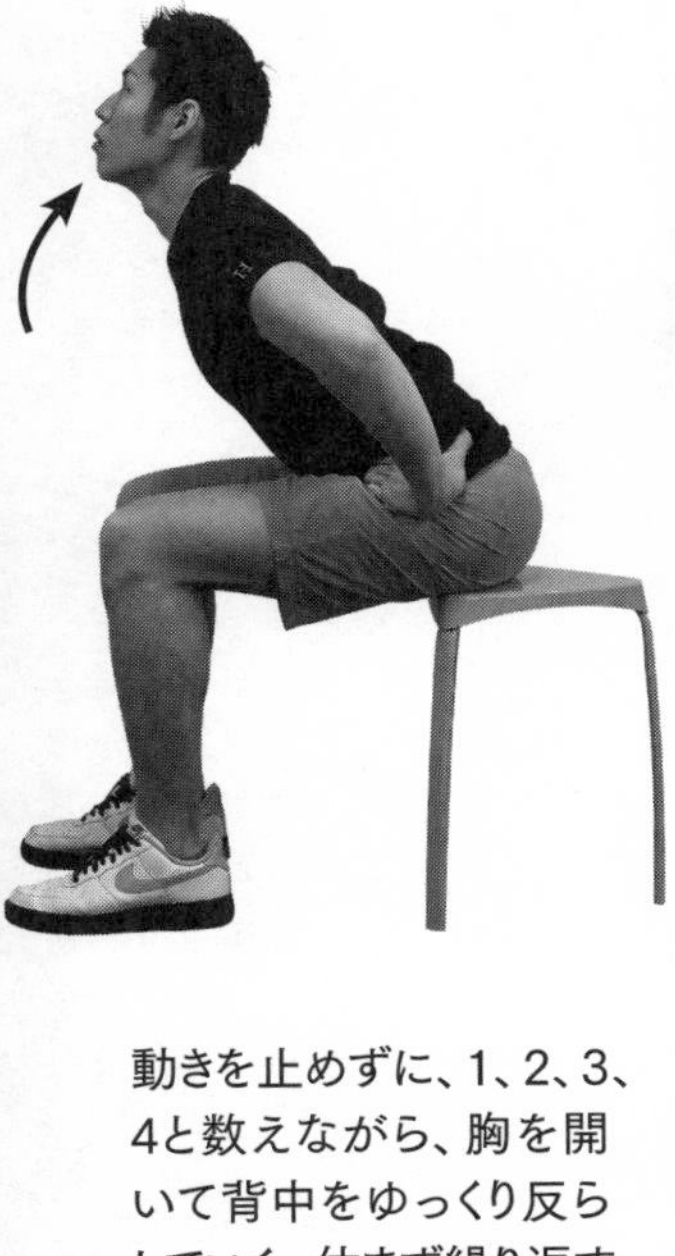

動きを止めずに、1、2、3、4と数えながら、胸を開いて背中をゆっくり反らしていく。休まず繰り返す。

これはNG

- 上体を戻すとき、戻し過ぎて後ろに傾かないように。
- 上体が左右にずれないように注意。上下に真っすぐ動かすようにする。

回数 左右3セット

①

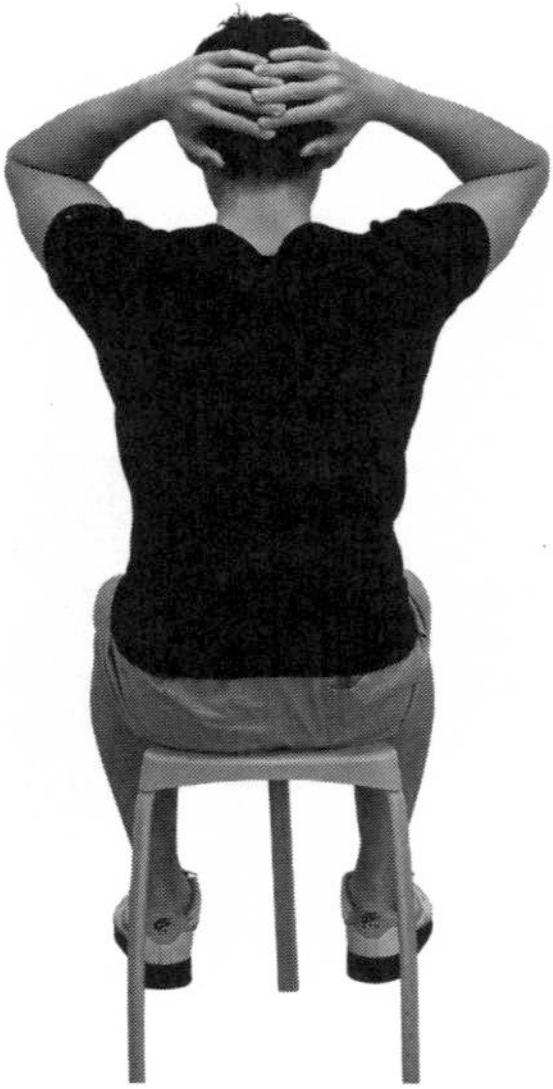

椅子に座って、両手を頭の後ろで組み、リラックスした姿勢になる。

ここがポイント!

体を丸めるとき、背中や腰も丸めるイメージで行う。

②

両手で軽く頭を押しながら、首、肩、胸を斜め下方向に丸める。背骨に沿った筋肉が伸びているのを意識しながら、この姿勢をキープ。

これはNG

首だけを曲げても、脊柱起立筋は伸びないので注意。上半身全体を曲げるようにする。

姿勢筋
もっとスロトレ
1

骨盤の前側の上

上体をしっかり曲げる「腹直筋」を鍛える

何かと忙しくて時間がない場合、ここから紹介するスロトレは毎日行わなくてもかまいません。とはいえ、いずれも重要な姿勢筋を鍛えるトレーニングばかり。日々の習慣に取り入れることによって、悪い姿勢がだんだん改善されていくのは間違いありません。

腹直筋《ふくちょくきん》とは、いわゆる腹筋のことで、上体を前屈させるときに働きます。強く鍛えて、さらに体脂肪を落とせば、「シックスパック」のお腹になるのも夢ではありません。

紹介するのは、よく知られている腹筋運動のバリエーションですが、間違ったやり方で取り組むと、思った効果が得られないばかりか、腰を痛めてしまう原因にもなります。正しく行うようにしましょう。

腹直筋があるところ

誰もが知っているお腹前面の筋肉。負荷がかかっていることを意識しながらトレーニングしましょう。

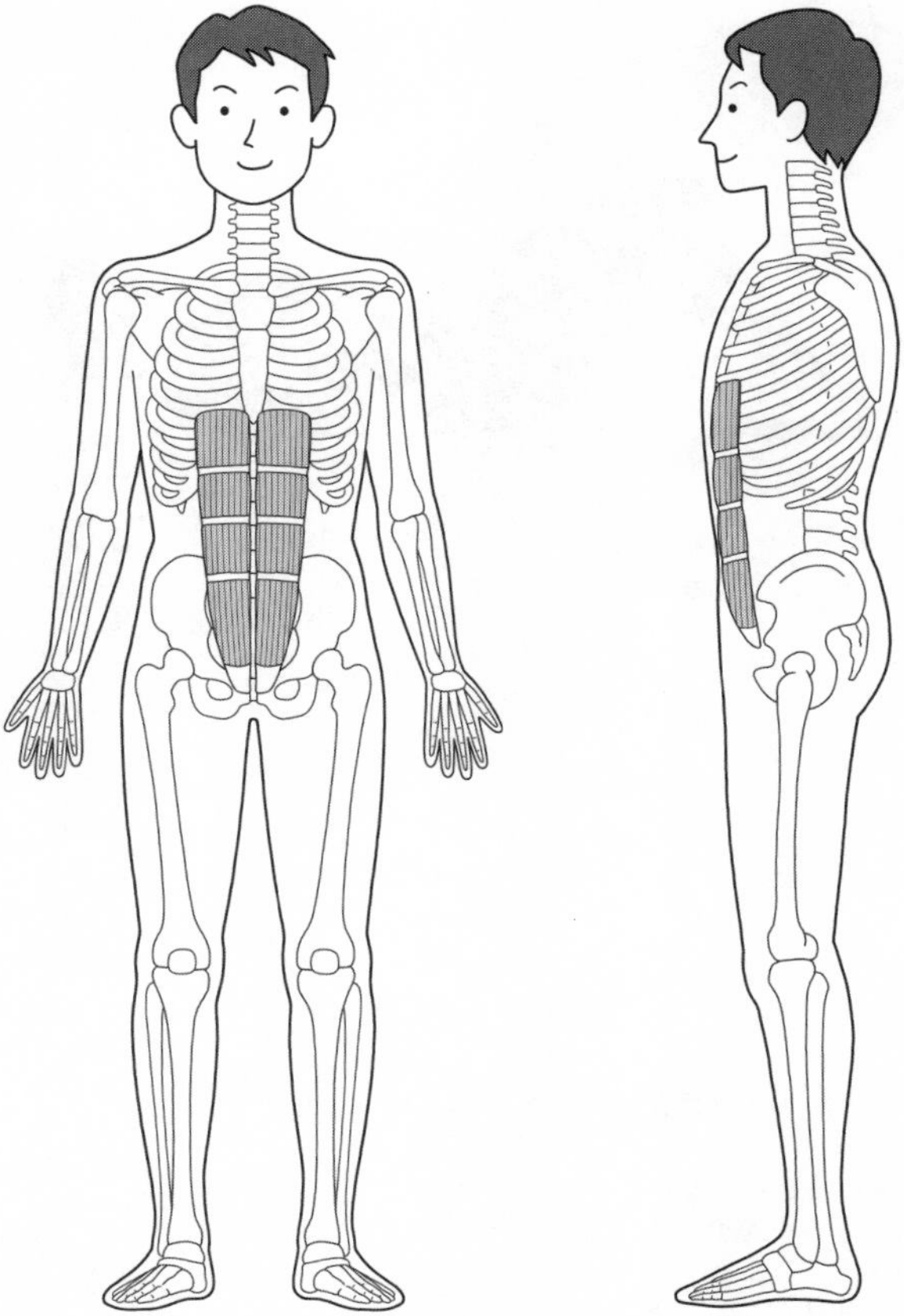

回数 3セット

①

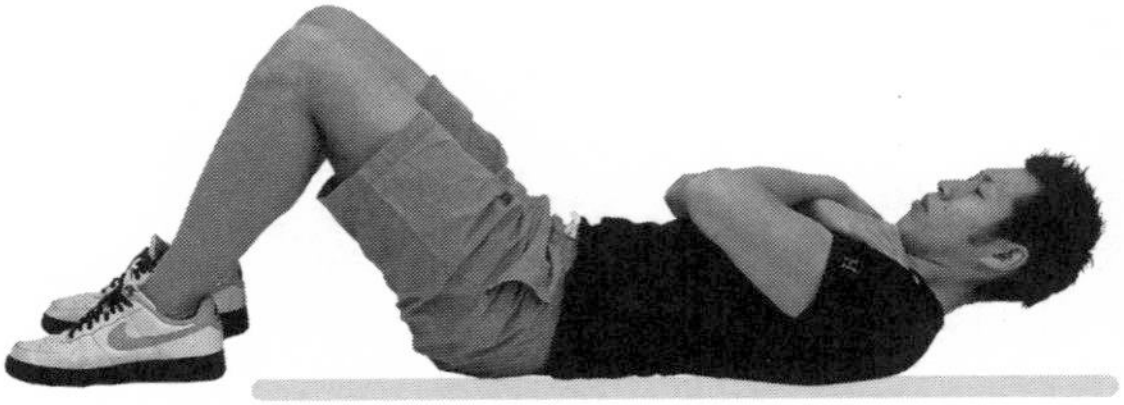

仰向けになってひざを曲げ、腕を胸で交差して、頭を床から浮かせる。

ここがポイント!

- 頭を床につけないようにする。頭を床につけると、筋肉の収縮が少し緩むのでトレーニング効果が低くなってしまう。
- 肩甲骨が床に当たるまで上体を戻す。
- 上体をしっかり起こせない人も、写真③程度までは起こしたい。

②

1、2、3、4と数えながら、上体をゆっくり起こしていく。

③

動きを止めずに、1、2、3、4と数えながら、上体をゆっくり戻していく。休まず繰り返す。

これはNG

- 上体を起こすとき、左右に揺れないように注意。真っすぐ上げ下げする。
- ひざを伸ばして行ってはいけない。腰痛の原因になる。

回数 3セット

①

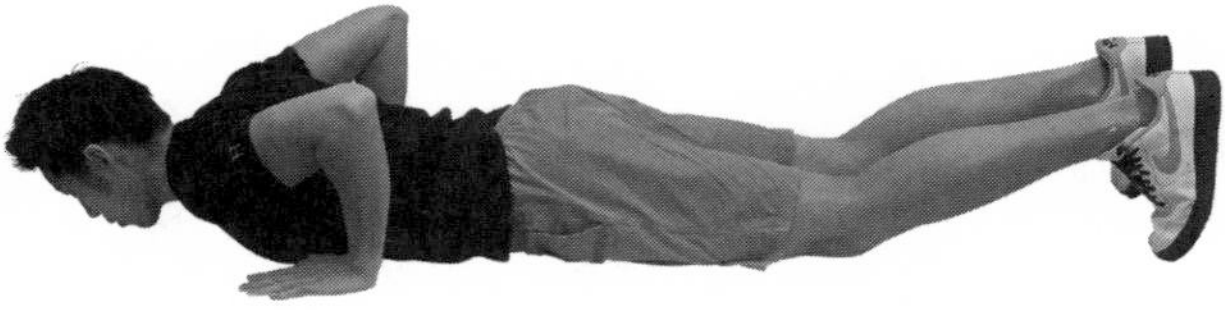

うつ伏せになり、両腕のひじを曲げて、両脇に手のひらをつく。

ここがポイント！

背中を反らすとき、ひじを曲げないで真っすぐ伸ばす。

②

両腕を伸ばして、背中をしっかり反らせる。腹筋が伸びているのを意識しながら、この姿勢をキープ。

これはNG

指先は内側や外側に向けないこと。前に向けておかないと、手首に余計な負担がかかってしまう。

骨盤の前側の下

脚を力強く上げる「大腿直筋」を鍛える

太ももの前面にあるのが大腿直筋《だいたいちょっきん》。内側広筋、外側広筋、中間広筋と合わせて、大腿四頭筋を構成しています。股関節を曲げる、ひざを伸ばすといった働きがあり、脚を上げたり、歩いたり、走ったりする際に必ず使われる重要な筋肉です。

大腿直筋のトレーニングとしては、直立した状態からひざを屈伸させるスクワットがよく知られています。このスクワットを習慣づけてもいいのですが、自重だと強度が低く、やや回数と時間がかかるので、別の方法を紹介します。

一見、踏み出す側の脚のトレーニングのようですが、じつは軸足のほうに大きな負荷がかかります。試してみてください。

大腿直筋のあるところ

軸足の筋肉に効かせることをイメージして、片方の脚をゆっくり踏み出したり引いたりしましょう。

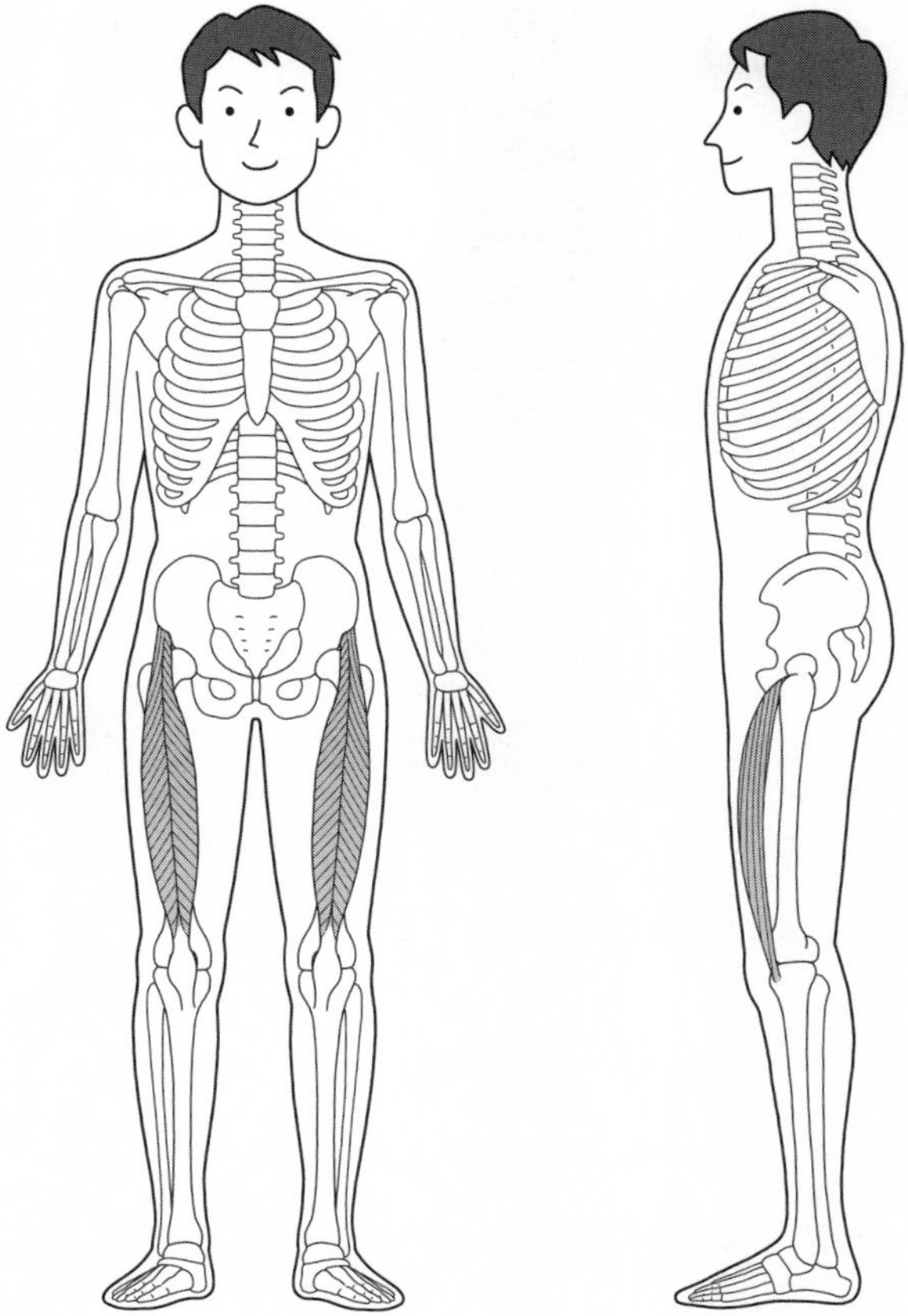

回数 左右3セット

①

背筋を伸ばし、壁に片手を当てて立つ。

ここがポイント！

- 体がぐらつかない場合は、壁に手を当てないで行ってもいい。
- できるだけ大きく脚を踏み出し、大きく後ろに引くと、トレーニング効果が高くなる。
- 引いたり踏み出す脚の動きは、ゆっくり行う必要はない。この動きをすることで、軸足にスロトレ効果を与えることができる。

②

1、2、3、4、5、6、7、8と数えながら、左足を後ろに引いて腰を沈めていく。この場合、鍛える軸足は右足。

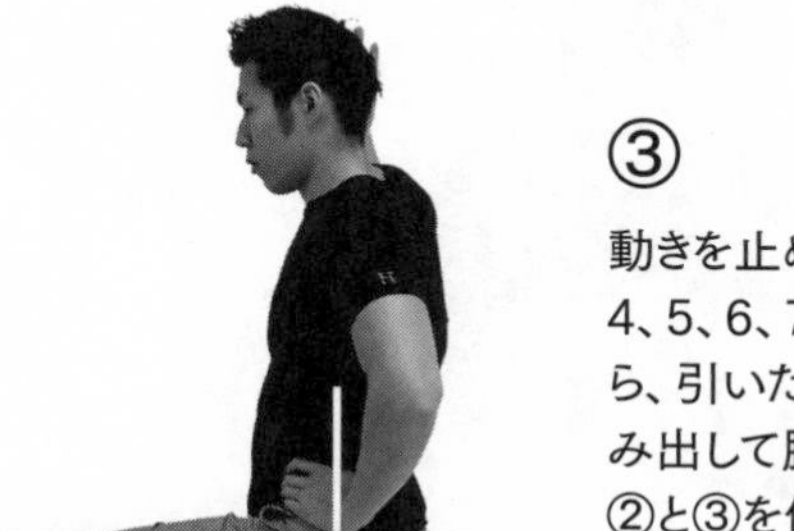

③

動きを止めずに、1、2、3、4、5、6、7、8と数えながら、引いた左足を前に踏み出して腰を沈めていく。②と③を休まず繰り返す。

これはNG

軸足のひざを床につけないように注意。

回数 左右3セット

①

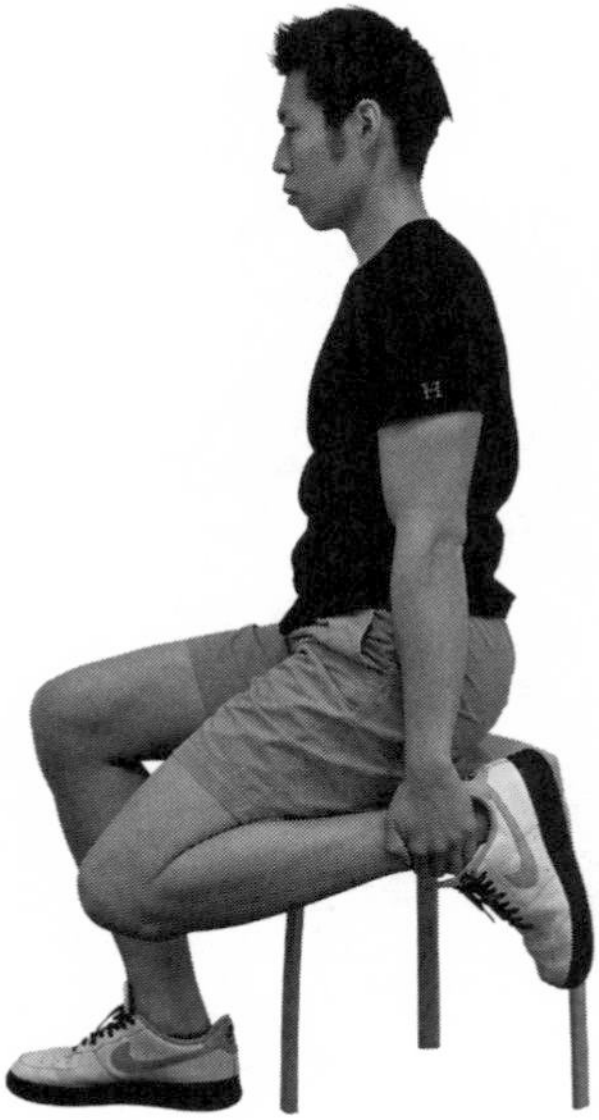

椅子に座り、片方の脚を曲げて、同じ側の手で足首をつかむ。

ここがポイント！

- 椅子の前寄りに座ると行いやすい。
- 脚を伸ばすとき、ひざを体の軸よりも後ろに持っていく。

②

脚を後方に持ち上げる。太ももの前側が伸びているのを意識しながら、この姿勢をキープ。

これはNG

脚を持ち上げるとき、上体が前に丸まると、ストレッチ効果が落ちてしまう。

骨盤の後ろ側の真ん中

脚を後ろに力強く伸ばす「大殿筋」を鍛える

お尻の筋肉のなかで、最も大きなものが大殿筋《だいでんきん》。骨盤と大腿骨の後ろ側にあり、お尻全体を覆っています。股関節を伸ばす働きがあり、歩いたり走ったり、ジャンプしたりする際に、脚を後ろに蹴り出す役目を担っています。

トレーニングの基本は四つん這いになって行います。体がふらついたり、ねじれたりしないように注意しましょう。このトレーニングが簡単にできる場合、立った姿勢で行うと運動強度がアップします。

大殿筋は体を自立させる働きがあるので、鍛えるにつれて、立ったときの姿勢が改善されていくはずです。ヒップアップ効果も加わって、立ち姿がより美しくなることが期待できます。

大殿筋のあるところ

片脚を伸ばすとき、お尻の筋肉に力が入っていることを意識してトレーニングしましょう。

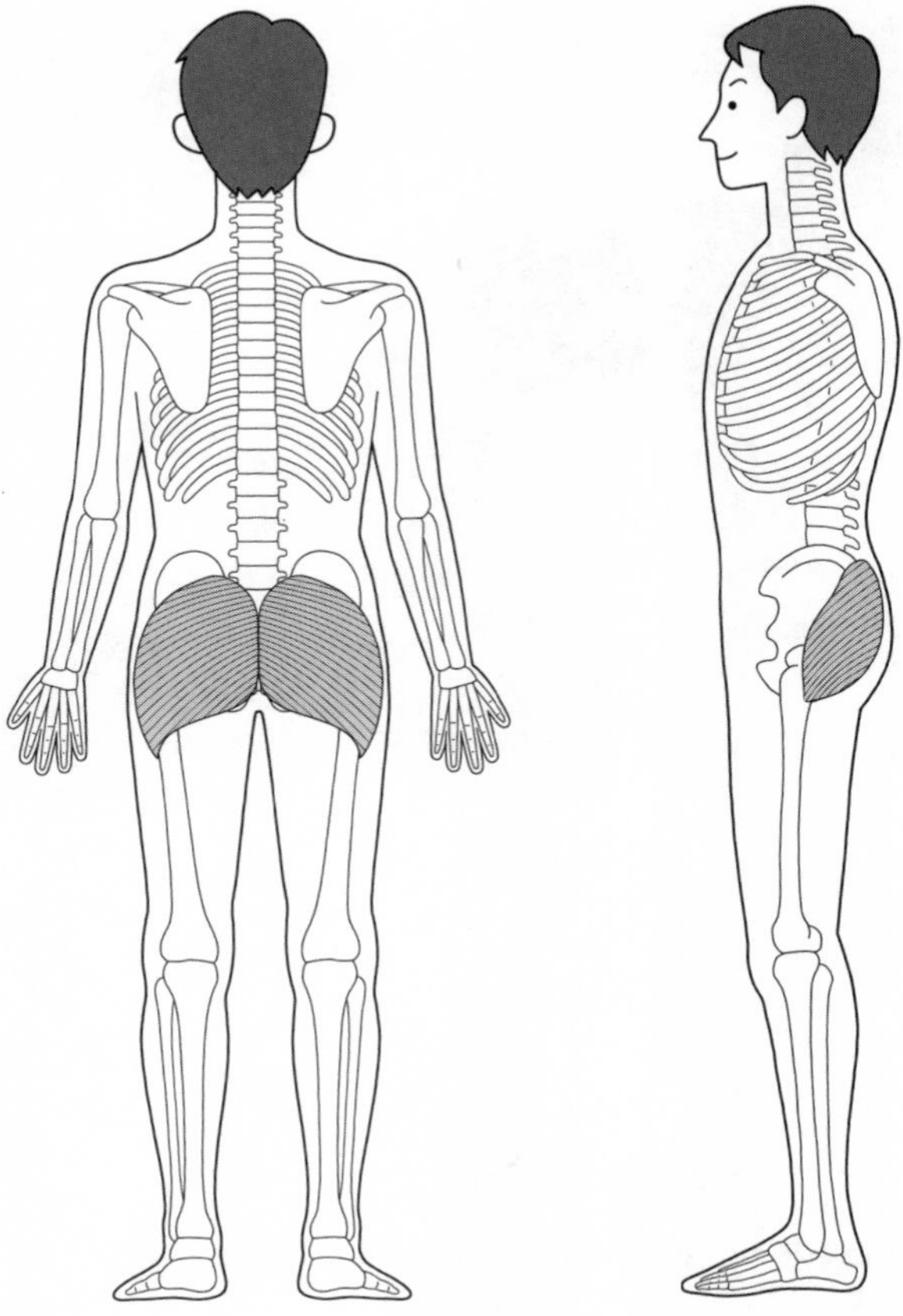

回数 左右3セット

①

四つん這いになり、片脚のひざを床から浮かせる。

ここがポイント!

- 片脚を後ろに伸ばすとき、できるだけ高い位置まで上げると、トレーニング効果が高くなる。ただし、腰の悪い人は無理をしない。
- 伸ばした片脚は軸足と同じところにまで戻す。

②

1、2、3、4と数えながら、片脚を後ろにゆっくり大きく伸ばしていく。

③

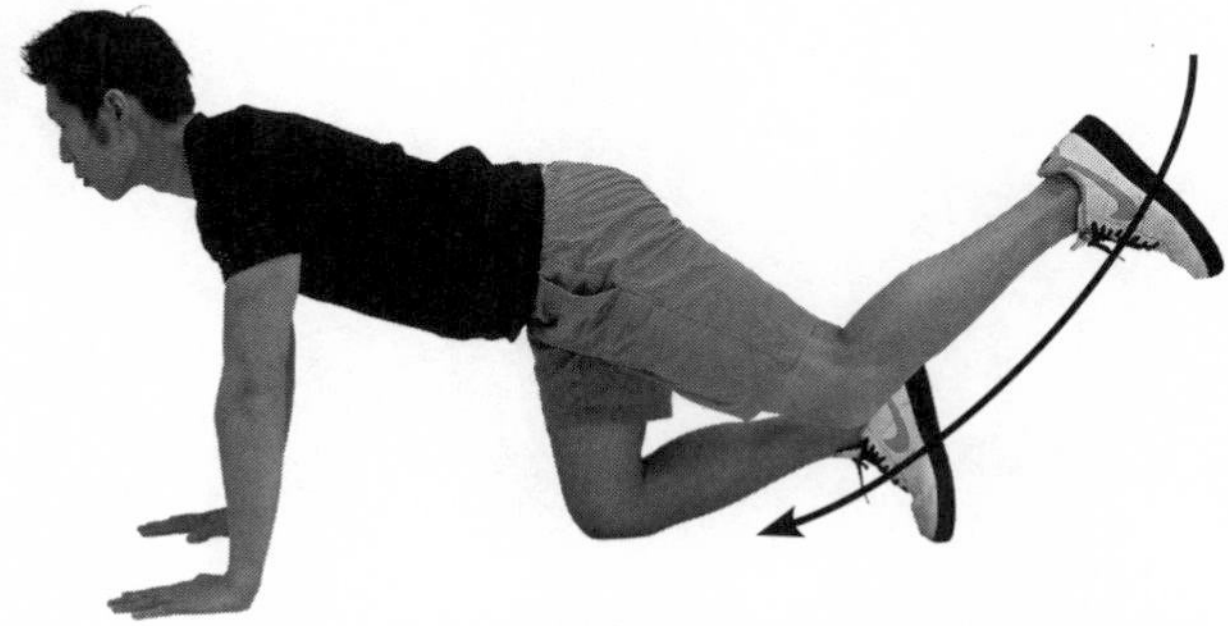

動きを止めずに、1、2、3、4と数えながら、片脚をゆっくりもとの位置に戻していく。休まず繰り返す。

これはNG

- 片脚を後ろに伸ばすとき、軸足側に体がねじれると、高いトレーニング効果が得られない。体を真っすぐにすることを意識して行う。
- 片脚を戻すとき、ひざやつま先を床につけないようにする。

余裕がある人は

①

立った姿勢から片脚を上げると、運動強度が上がる。壁に片手をついてもいい。

② 1、2、3、4と数えながら、片脚を後ろにゆっくり大きく伸ばしていく。同時に上体を倒し、指先で床にふれる。

③ 動きを止めずに、1、2、3、4と数えながら、上体をゆっくり起こしてもとの姿勢に戻っていく。休まず繰り返す。

回数 左右3セット

①

椅子に座って、脚を組む。片手をひざの上に置き、もう片方の手で足首をつかむ。

ここがポイント！

- ひざを押すとき、股関節が外側に回るようなイメージで行う。
- お尻の筋肉が伸びているのを意識しながら行う。

②

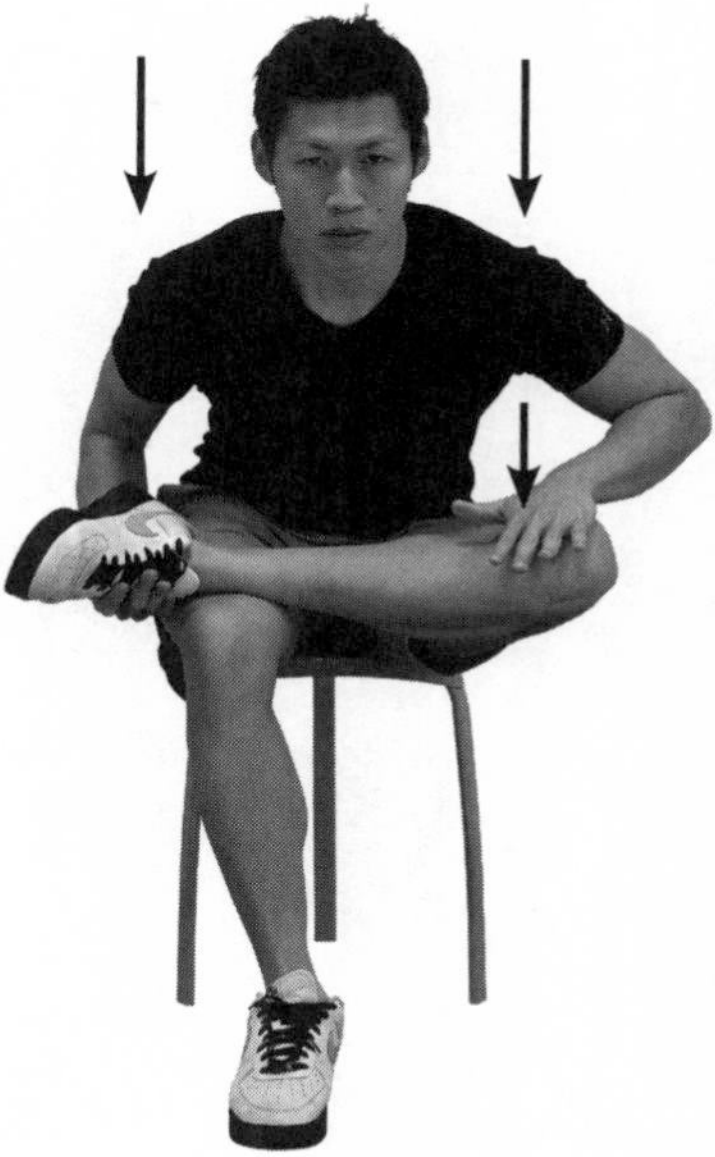

ひざを手で軽く押しながら、上半身を前に倒す。脚を組んだほうのお尻の筋肉が伸びているのを意識しながら、この姿勢をキープ。

これはNG

上半身を前に倒すとき、斜めに傾かないように注意。前に真っすぐ倒していく。

骨盤の後ろ側の下

ひざをグッと曲げる「ハムストリング」を鍛える

ハムストリングは、太ももの後ろ側にある筋肉群の総称。骨盤につながっており、ひざを曲げたり、脚を後ろに蹴るときなどに使われます。

トレーニングでは、ひざを曲げる力によって体を支えるようにします。この動きが楽にできる場合、十分なトレーニング効果は得られません。台を利用し、その上に脚を置いて行うようにします。

それでもまだ楽にできる場合は、台を使わず腰だけではなく片脚も上げて、運動強度を高めましょう。

ハムストリングが固まっていると、骨盤を下方向に倒すように働くので、姿勢が悪くなってしまいます。どのトレーニングも同じですが、鍛えたあとはストレッチで緩めるようにしましょう。

ハムストリングのあるところ

太ももの後ろ側に効いていることを意識しながらトレーニングしましょう。筋肉の収縮が足りないようなら、運動強度を上げます。

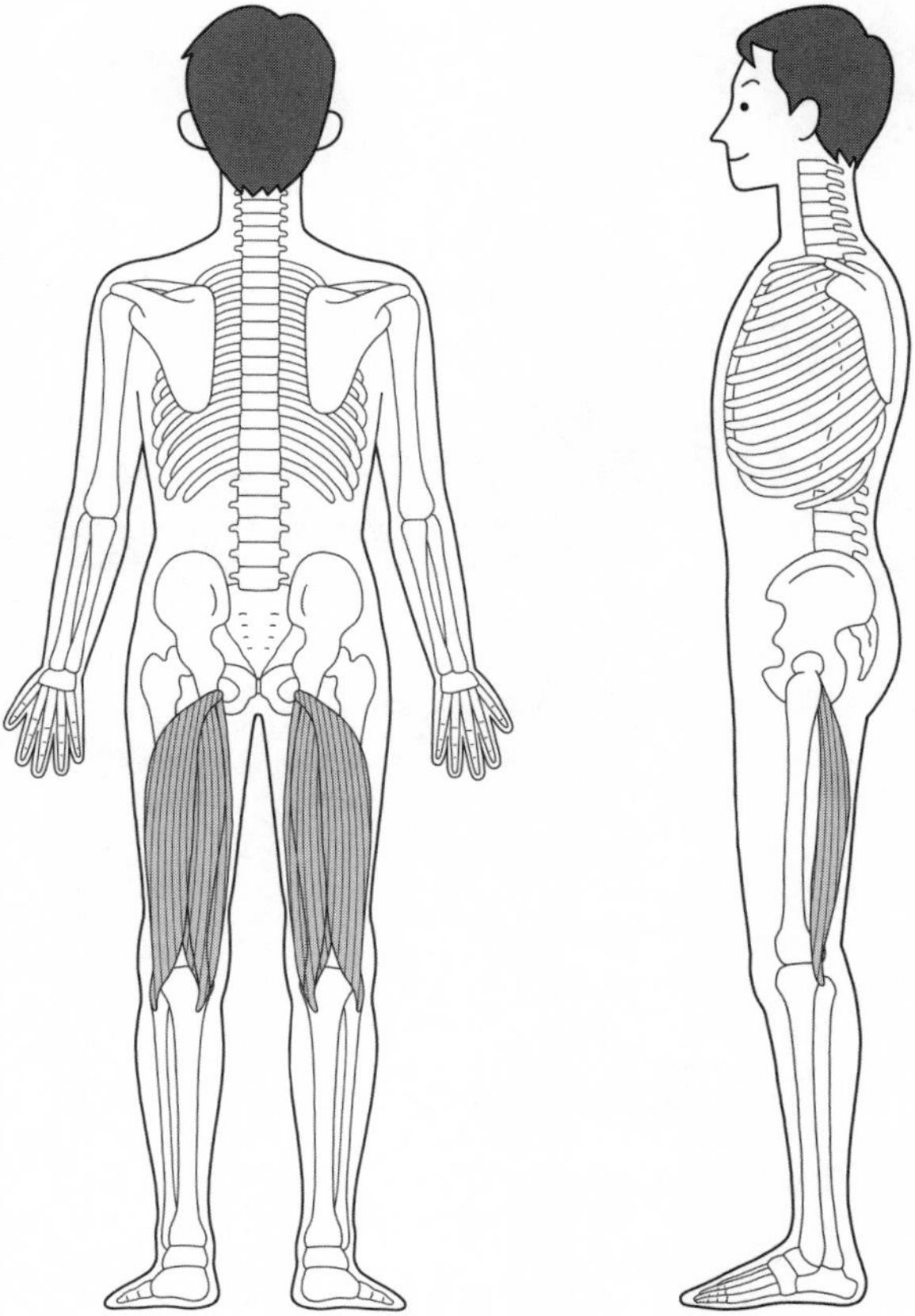

回数 3セット

①

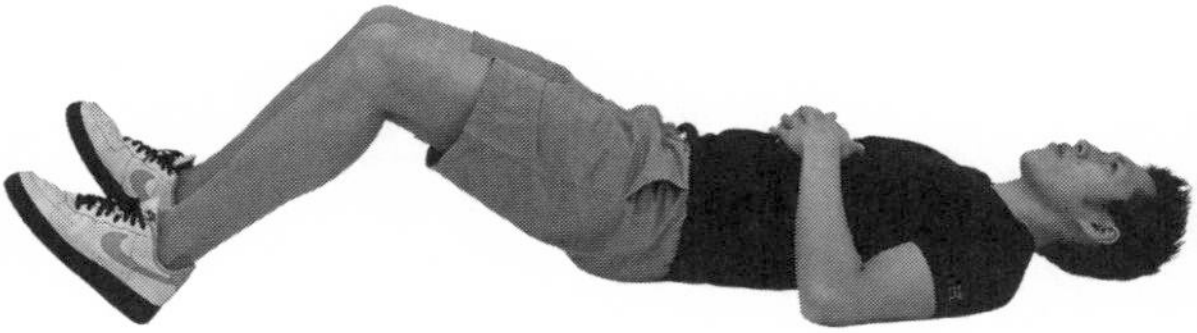

仰向けになり、脚をやや開いてひざを立てる。

ここがポイント！

- 腰を下げたときに、腰が床につかないようにする。床につく寸前まで下げ、動きを止めることなく、また腰を浮かせる。
- かかとを遠い位置に置くほど運動強度が上がる。

②

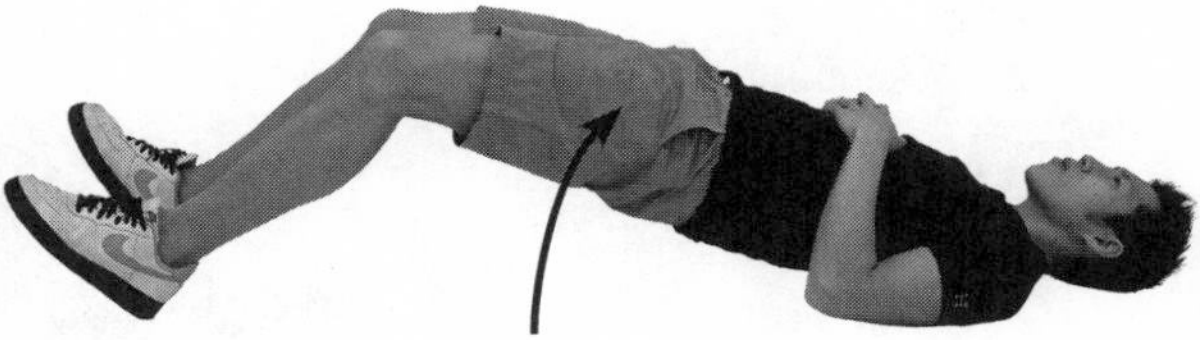

1、2、3、4と数えながら、太ももと上体が一直線になるまで腰をゆっくり浮かせていく。

③

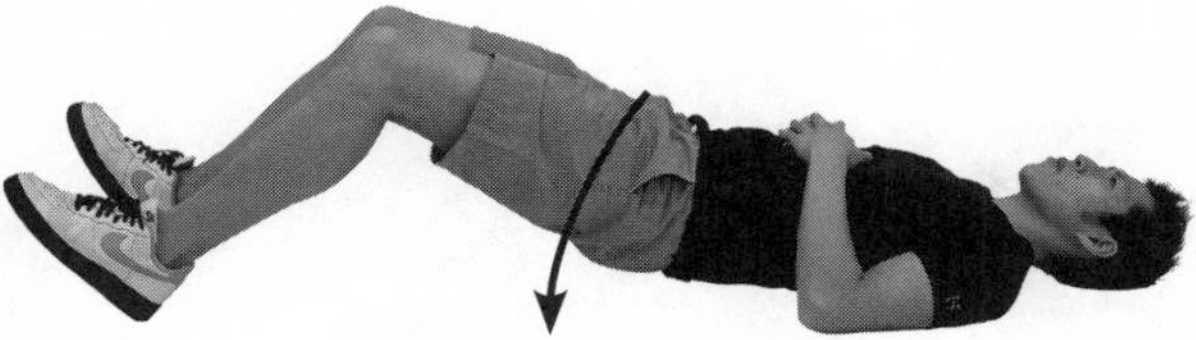

動きを止めずに、1、2、3、4と数えながら、腰を床につく寸前までゆっくり下ろしていく。休まず繰り返す。

余裕がある人は

①

脚を台や椅子などの上に置いて行うと、さらに負荷がかかって、一層高いトレーニング効果を得られる。

②

1、2、3、4と数えながら、太ももと上体が一直線になるまで腰をゆっくり浮かせていく。

③

動きを止めずに、1、2、3、4と数えながら、腰をゆっくり下ろしていく。休まず繰り返す。

もっと 余裕がある人は

腰を浮かせると同時に片方の脚を上げると、運動強度がより高くなって、トレーニング効果が上がる。

回数 左右3セット

①

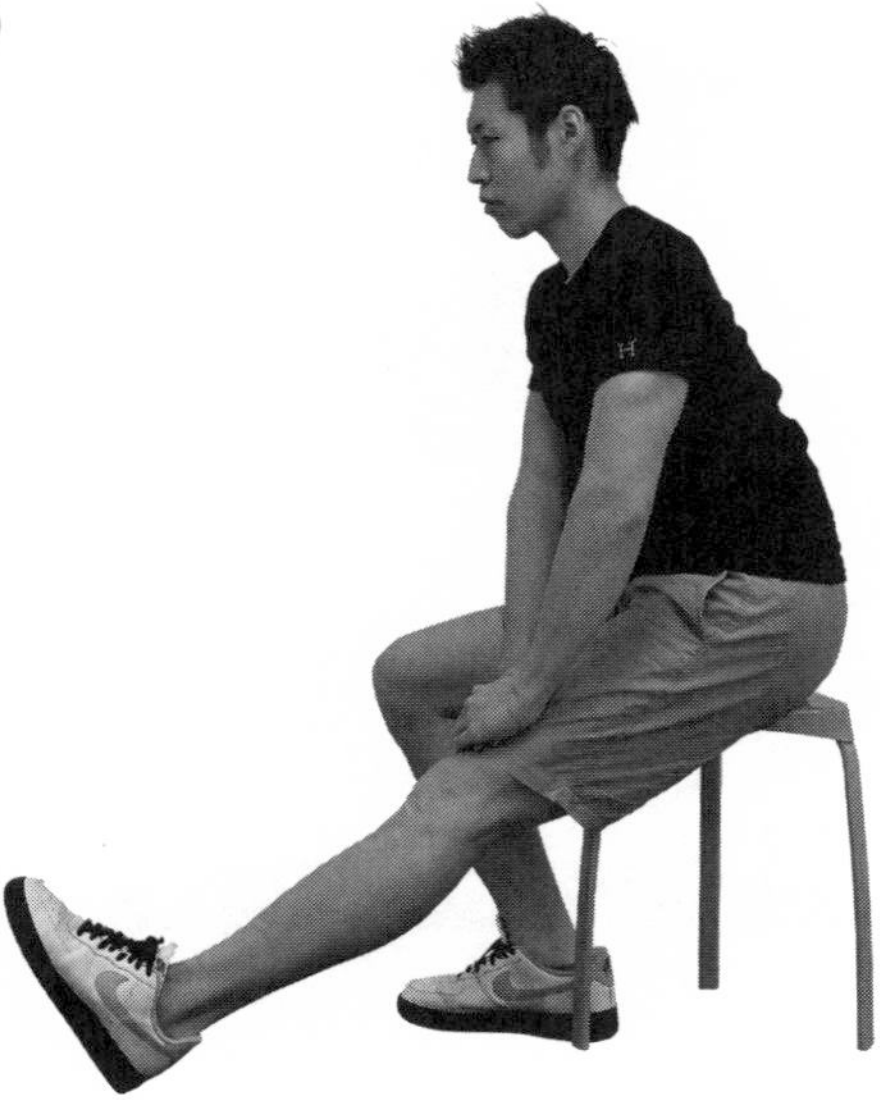

椅子に座って、片方の脚を前に真っすぐ伸ばし、ひざに両手を当てる。

ここがポイント！

伸ばした脚のつま先を上に向ける。

②

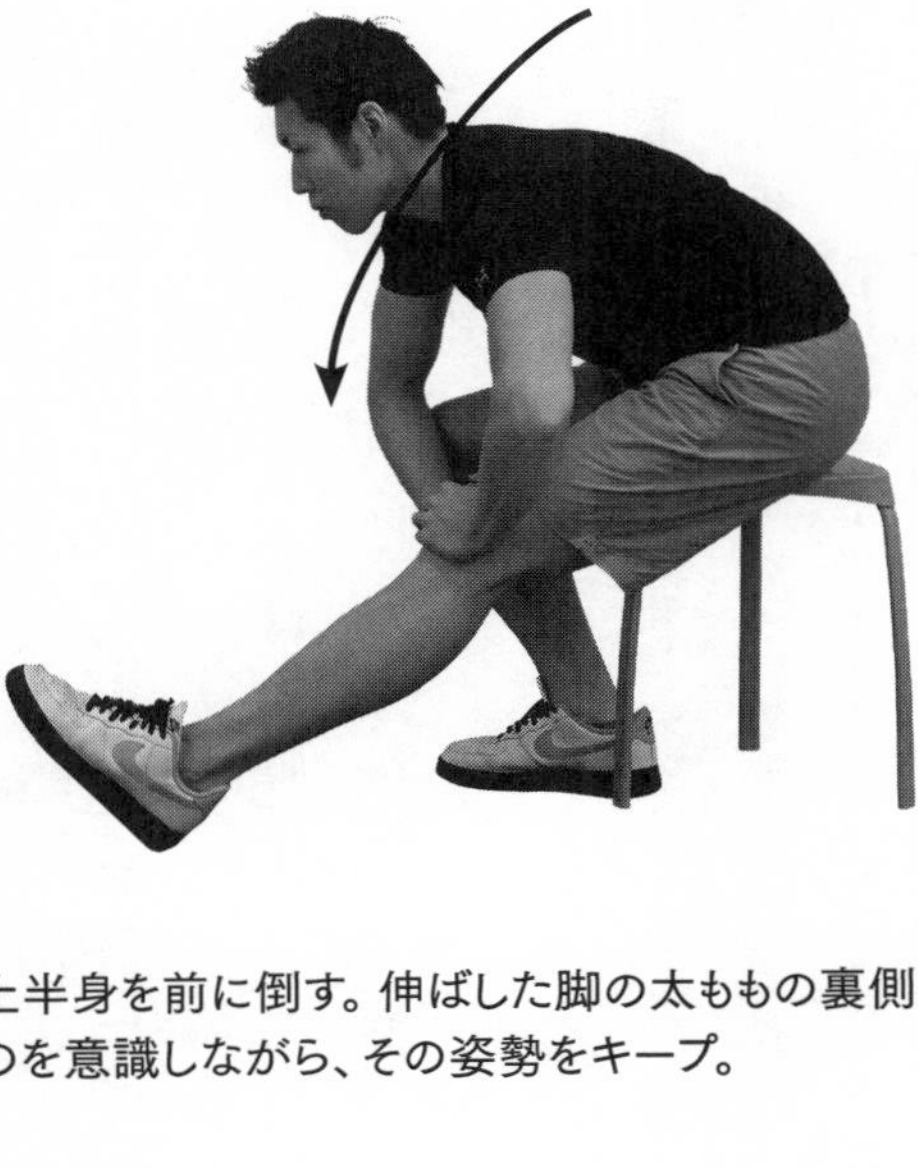

上半身を前に倒す。伸ばした脚の太ももの裏側が伸びているのを意識しながら、その姿勢をキープ。

これはNG

- 上体を倒すとき、背中が丸まらないように注意。
- ひざは真っすぐに伸ばして行う。ひざを曲げると、ハムストリングが伸びない。

骨盤の横側の上

体幹の外側を力強く支える「腹斜筋」を鍛える

脇腹にある筋肉が腹斜筋《ふくしゃきん》で、外側に外腹斜筋、その内側に内腹斜筋がありすます。紹介するトレーニングは、体幹の外側の筋肉を鍛えるもので、いずれの腹斜筋も強化することができます。

腹斜筋は体を横に曲げたり、ひねったりするときに働く筋肉で、野球やテニス、ゴルフなど、多くのスポーツをする際に使われます。

お腹周辺の筋肉ではありますが、一般的な腹筋運動をしても、腹斜筋をしっかり鍛えることはできません。体幹の外側部分に負荷をかけることが重要なので、トレーニングは体を横にして行います。

腹斜筋が弱っている人には、ややしんどいトレーニングかもしれません。その場合は、負荷の低いバリエーションからはじめましょう。

腹斜筋があるところ

手を当てた脇腹に負荷がかかっていることを感じながらトレーニングしましょう。

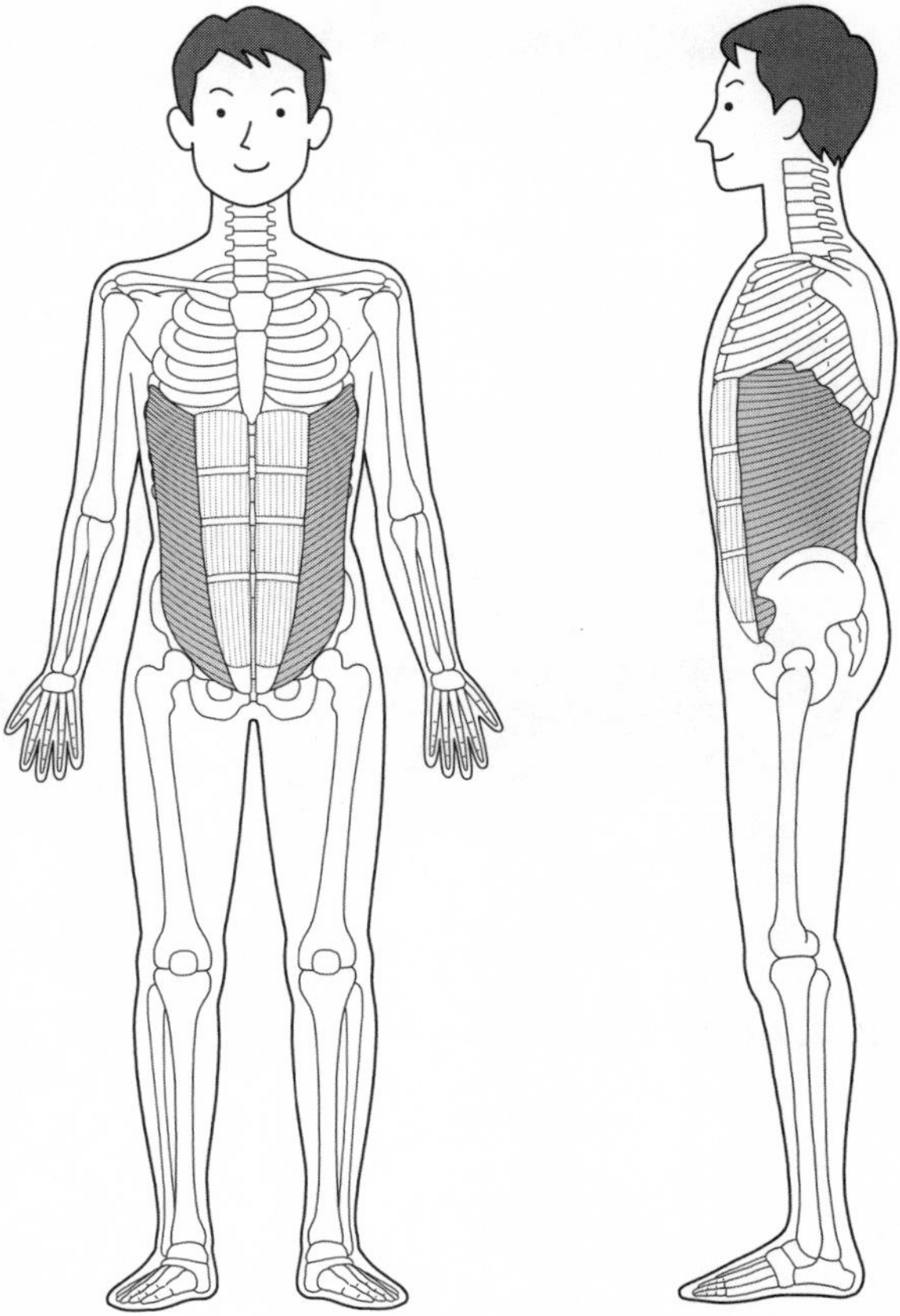

回数
左右3セット

①

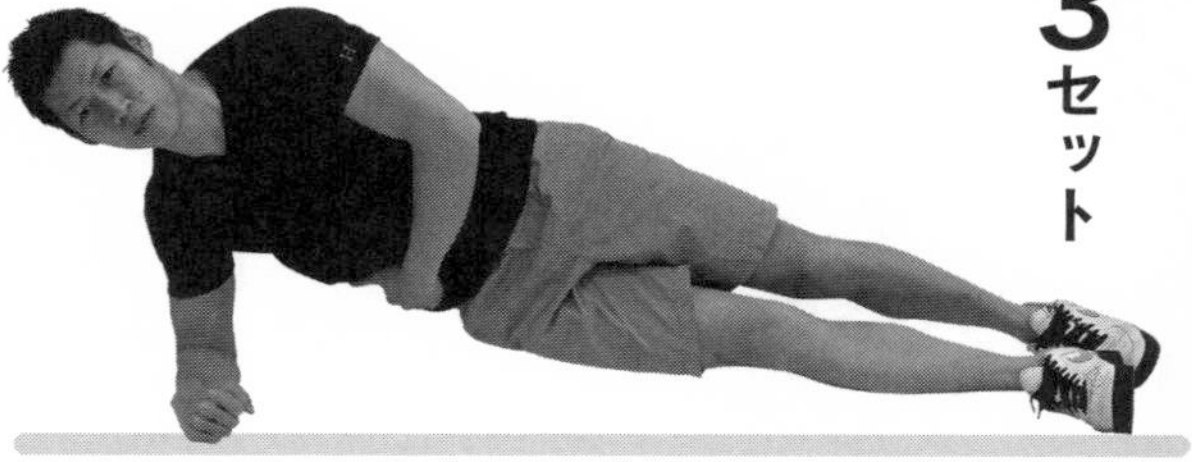

横向きに寝て、ひじを床について腰を上げ、体を一直線に保つ。片方の手を前に回して、反対側の脇をつかむ。

②

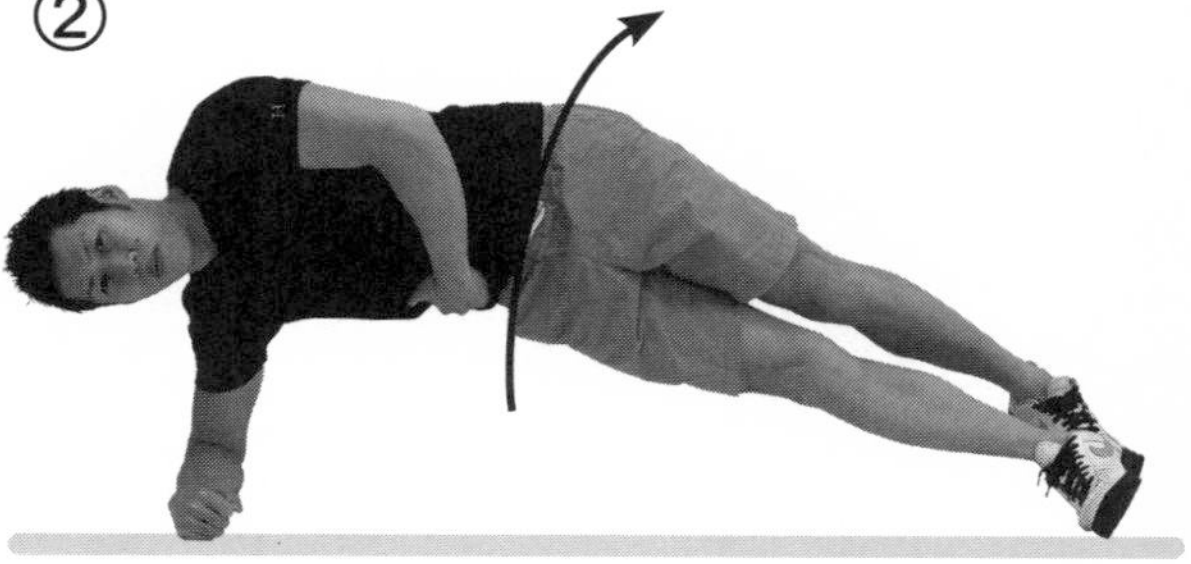

1、2、3、4と数えながら、腰をゆっくり浮かせていく。

ここがポイント!

腰を下げたときに、体が床につかないようにする。上半身と下半身が一直線になるところまで腰を下げ、動きを止めることなく、また腰を浮かせる。

③

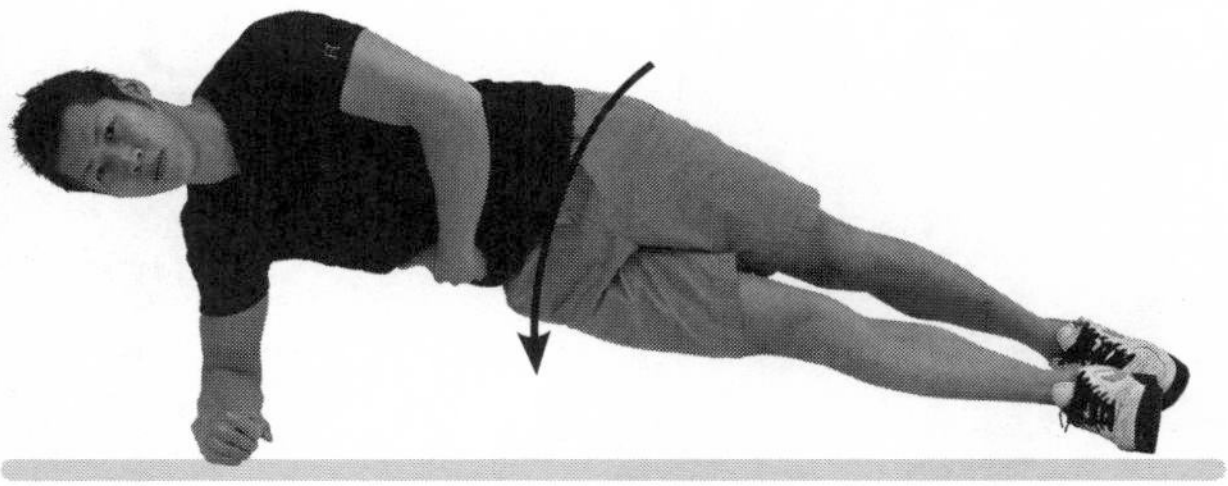

動きを止めずに、1、2、3、4と数えながら、ゆっくり腰を下げていく。休まず繰り返す。

これはNG

腰を浮かせるとき、体が丸まりがちになるので注意。体を真っすぐ伸ばして行わないと、強い負荷がかからない。

難しい人は

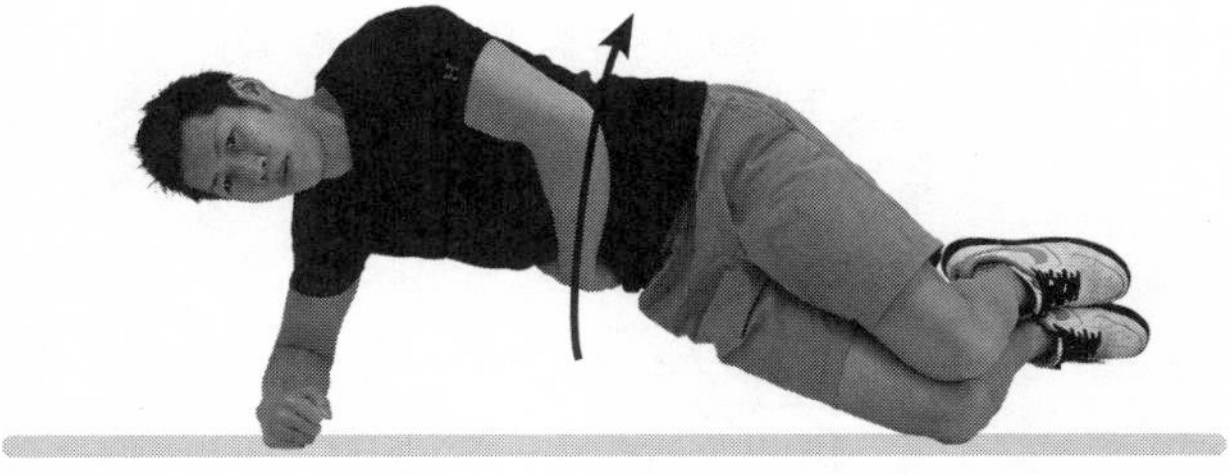

普段運動をしていない人にとっては、けっこうきついトレーニング。難しい場合は、ひざを曲げて、ひざから下を床につけた状態で行ってもいい。

回数 左右3セット

①

あぐらを組み、片手を反対側のひざに置き、もう片方の腕を斜め上に上げる。

ここがポイント!

- 手でひざをしっかり押さえ、ひざが浮いて体全体が傾かないようにする。
- 上体を前に傾かせないで、真横に倒す。

②

腕を頭越しにぐるっと反対側に伸ばし、体を傾ける。体の側面が伸びているのを意識しながら、その姿勢をキープ。

これはNG

背中が丸まっていると、体の側面が伸びない。背筋をピンと伸ばして行う。

骨盤の横側の真ん中

股関節を滑らかに動かす「大腿筋膜張筋」を鍛える

骨盤の側面からひざ下まで伸びる、長さ15センチほどの筋肉が大腿筋膜張筋《だいたいきんまくちょうきん》です。あまり聞き慣れない筋肉かもしれませんが、姿勢と脚の動きに関して大事な役割を担っています。

大腿筋膜張筋が使われるのは、骨盤を内側に回すとき。この筋肉が弱っていると、股関節の可動域が小さくなり、正しい姿勢で歩いたり走ったりできなくなります。

トレーニングは基本的に椅子に座って行います。楽にできるのなら、片脚で立ってみましょう。筋肉にかかる負荷が高くなるので、運動強度がアップします。一方、基本の動きが難しい場合、片脚を床に置いて行うことからはじめましょう。

大腿筋膜張筋があるところ

太ももの外側の上部に意識を集中してトレーニングし、筋肉が伸びるのを感じましょう。

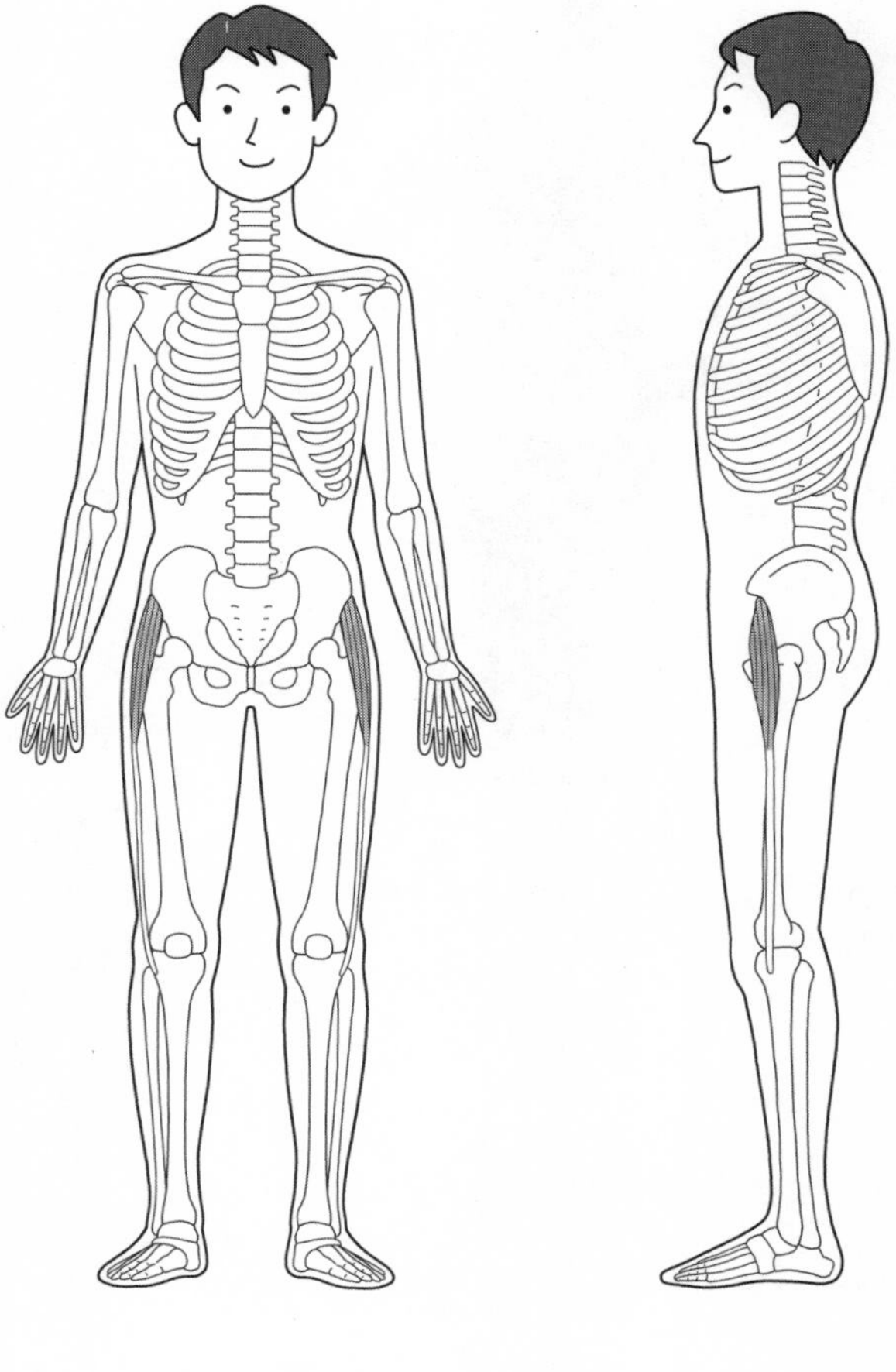

回数 3セット

①

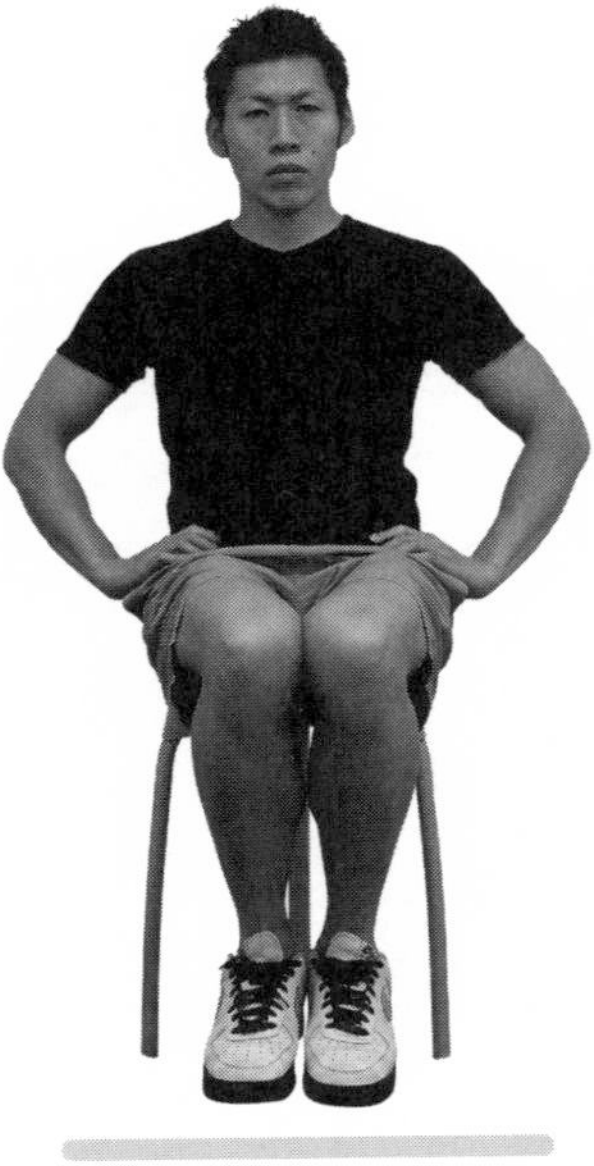

椅子に座って、ひざを閉じたまま脚を床から少し浮かせる。

ここがポイント！

脚を開くとき、ひざはあまり開かないようにする。

②

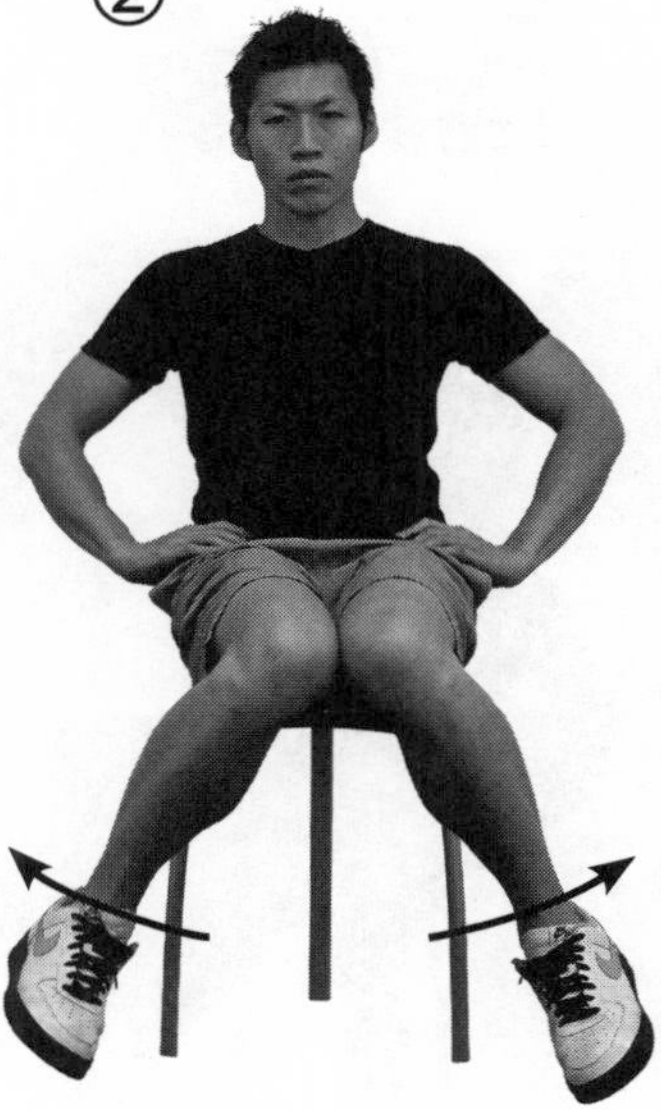

1、2、3、4と数えながら、脚をゆっくり開いていく。

③

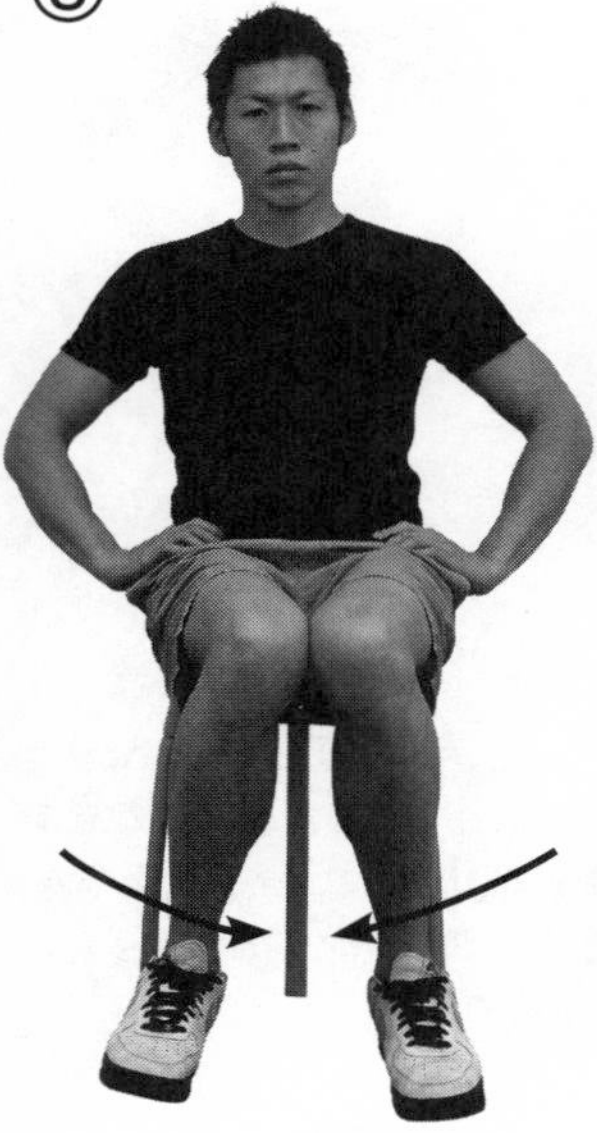

動きを止めずに、1、2、3、4と数えながら、脚をゆっくり閉じていく。休まず繰り返す。

難しい人は

①⇨

両脚を上げて開くのが難しい場合は、片脚は床につけたままで行ってもいい。

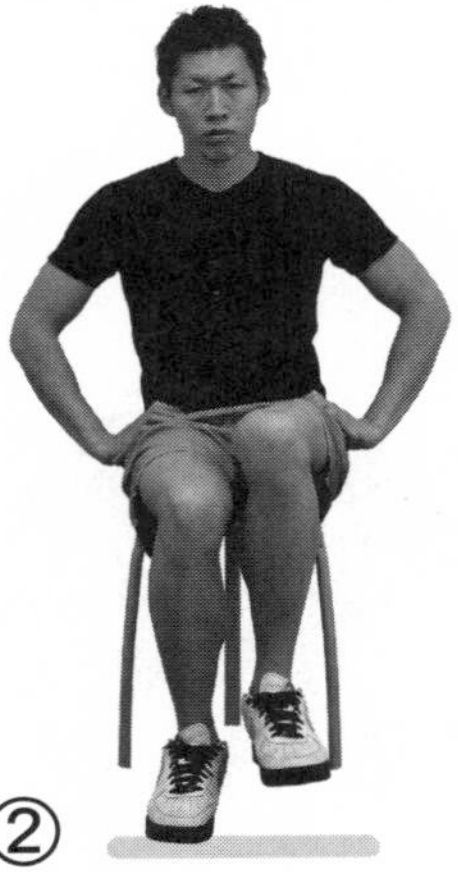

⇦②

片脚を浮かせて、1、2、3、4と数えながら、ひざを閉じたままゆっくり開いていく。太ももを両手で押さえて行うとスムーズに動かしやすい。

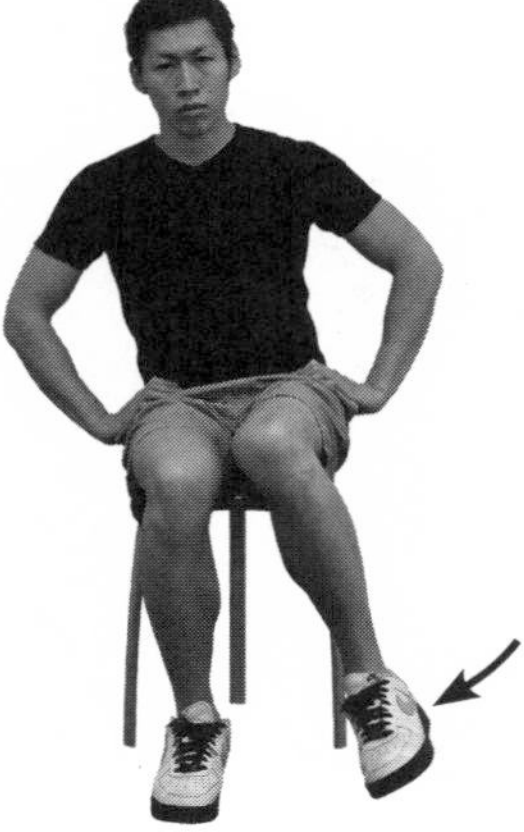

③⇨

動きを止めずに、1、2、3、4と数えながら、もとの位置にゆっくり戻していく。休まず繰り返す。

このスロトレも 大腿筋膜張筋に効く！

①⇨

片脚で立つ。体が安定しない場合は、壁や椅子の背もたれなどで体を支えて立つ。

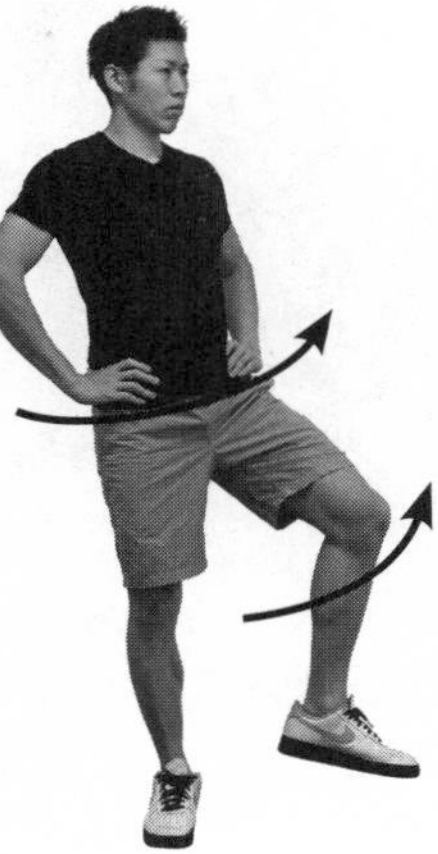

⇦②

1、2、3、4と数えながら、体を外側にゆっくりひねっていく。骨盤と体の向きを同じにしたままひねるのがポイント。

③⇨

動きを止めずに、1、2、3、4と数えながら、今度は体を内側にゆっくりひねっていく。休まず繰り返す。

回数 左右3セット

①

床に横向きになり、片脚を曲げて、もう片方の脚の前に置く。

ここがポイント！

立てた脚の足先を正面に向けると、太ももの外側の筋肉が伸びやすい。

②

上体を起こし、太ももの外側の上部が伸びているのを意識しながら、その姿勢をキープ。

姿勢筋
もっとスロトレ
7

骨盤の横側の前側の下

力強い歩行姿勢を保つ「内転筋群」を鍛える

太ももの内側にあるのが内転筋群《ないてんきんぐん》で、大内転筋や小内転筋など5つの筋肉からなるグループです。

主に股関節を内側の方向にねじって、ひざを閉じるときに働きます。そのほか、股関節を伸ばす動きをするときにも使われます。内転筋群を強化すると、姿勢が良くなるのに加え、腰を力強く回転させることもできるようになります。

内転筋群は脚を内側に閉じるような動きによって鍛えることができます。基本トレーニングに加えて、楽にできる人向けの高負荷トレーニングも紹介します。とりあえず基本トレーニングからスタートし、筋力がついてきたら、より運動強度の高いトレーニングに移りましょう。

内転筋群があるところ

上げた脚の太ももの内側の筋肉を意識し、動きを止めないでゆっくりトレーニングしましょう。

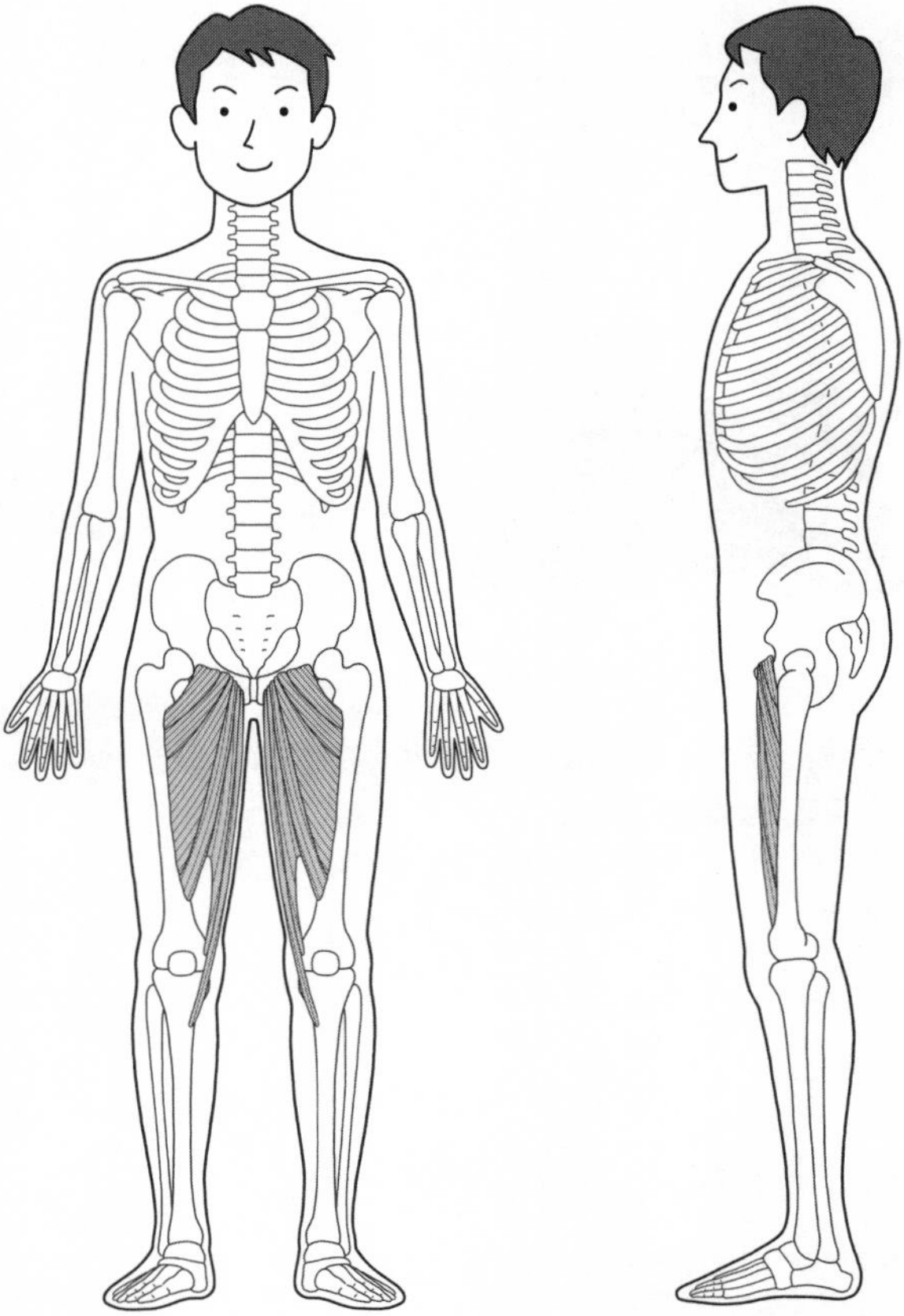

回数 左右3セット

①

横向きに寝て体を伸ばし、下側の腕を曲げて頭を支える。上側の脚のひざを曲げて前に出し、足首近くにもう片方の手を当てる。下側の脚はまっすぐ伸ばし、床から少し浮かせる。

ここがポイント!

- 伸ばした脚は床から少し浮かせて行う。
- つま先を常に前方に向けるようにする。

②

1、2、3、4と数えながら、伸ばした脚をゆっくり持ち上げていく。

③

動きを止めずに、1、2、3、4と数えながら、持ち上げた脚をもとの位置にゆっくり戻していく。休まず繰り返す。

余裕がある人は

①

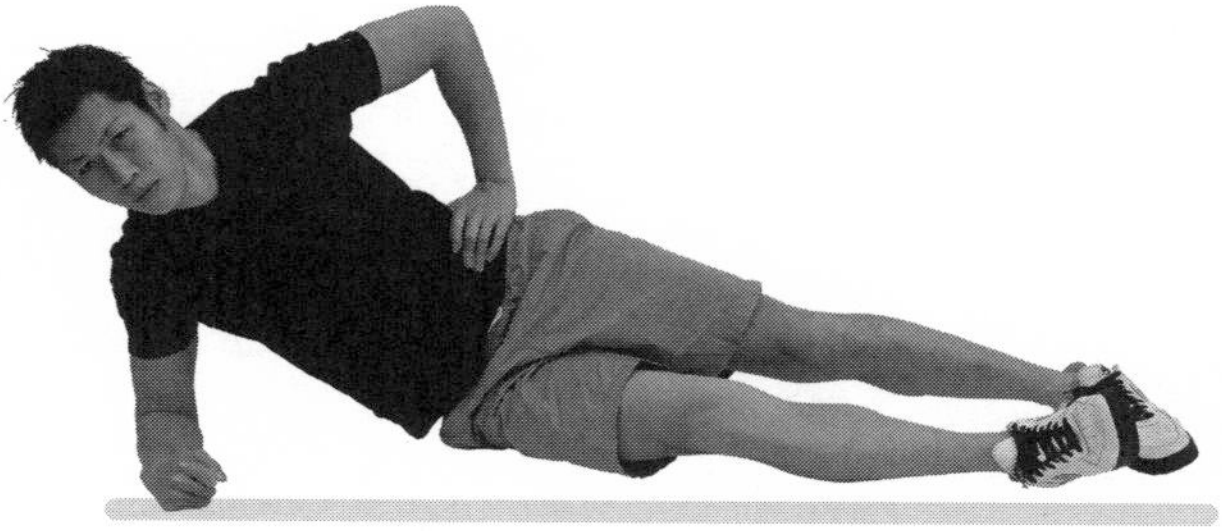

体を床から上げて行うと、運動強度がぐっと上がる。横向きに寝て、ひじで体を支え、脚を少し開く。下の脚を少し床から浮かせる。

ここがポイント！

- つま先は常に前方に向けるようにする。
- 上げた脚を下げるとき、床につけないようにする。

②

1、2、3、4と数えながら、下の脚をゆっくり高く持ち上げていく。

③

動きを止めずに、1、2、3、4と数えながら、もとの位置までゆっくり戻していく。休まず繰り返す。

回数 左右3セット

①

椅子に浅く座って、片脚を横に伸ばす。伸ばした側の手を腰に、もう片方の手を太ももの上部に当てる。

ここがポイント！

- 腰に当てた手で、骨盤を押し込むようなイメージで行う。
- 伸ばしたつま先は真っすぐ前に向け、親指側を床にしっかりつける。

②

伸ばした脚のほうに上半身を倒す。太ももの内側が伸びているのを意識しながら、その姿勢をキープ。

これはNG

上体を倒すとき、前に傾かないように注意。真横に倒したほうが内転筋群は伸びる。

姿勢筋
もっとスロトレ
8

骨盤の横側の後ろ側の真ん中

脚を外側に大きく開く「中殿筋」を鍛える

中殿筋《ちゅうでんきん》はお尻にある筋肉のひとつ。大殿筋が骨盤の後ろ側にあるのに対して、中殿筋は横側についています。脚を外側に開くときには、この中殿筋が必ず働いており、歩く姿勢や片脚立ちの際のバランスを保つ役目も担っています。

トレーニングは脚を大きく開く動きで行います。脚を高く上げるほど運動強度は高くなるので、できるだけ大きく開くようにしましょう。

トレーニングで鍛えたあとは、緊張した筋肉をストレッチで緩めることも忘れずに。中殿筋が固まっている状態が続くと、腰痛の原因になることがあります。ストレッチで十分ほぐしておくことは、腰痛予防にもつながるのです。

中殿筋があるところ

脚を上げるにつれて、お尻の横側の筋肉に力が入るのがわかります。その部分を意識しながら動きましょう。

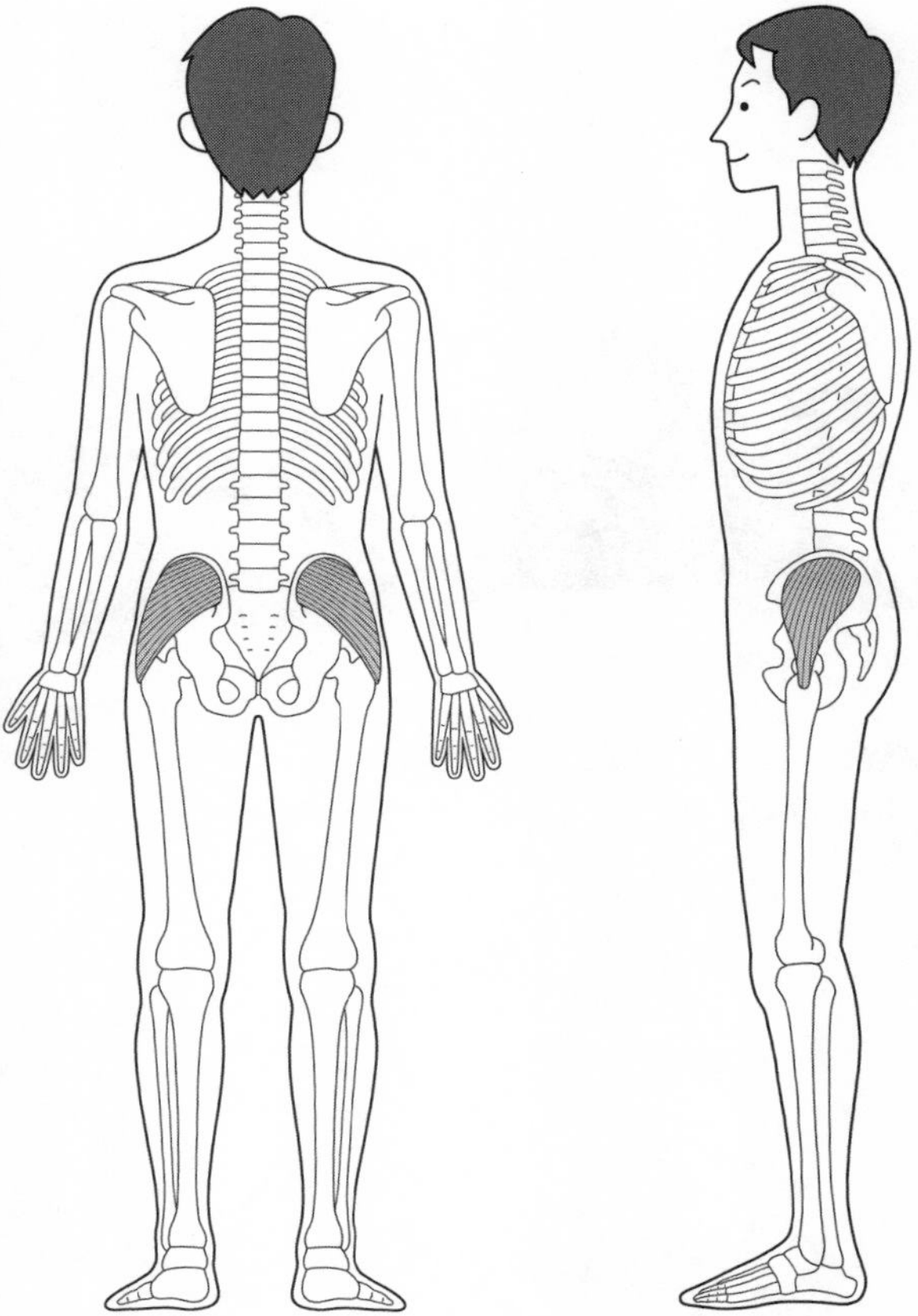

回数 左右3セット

①

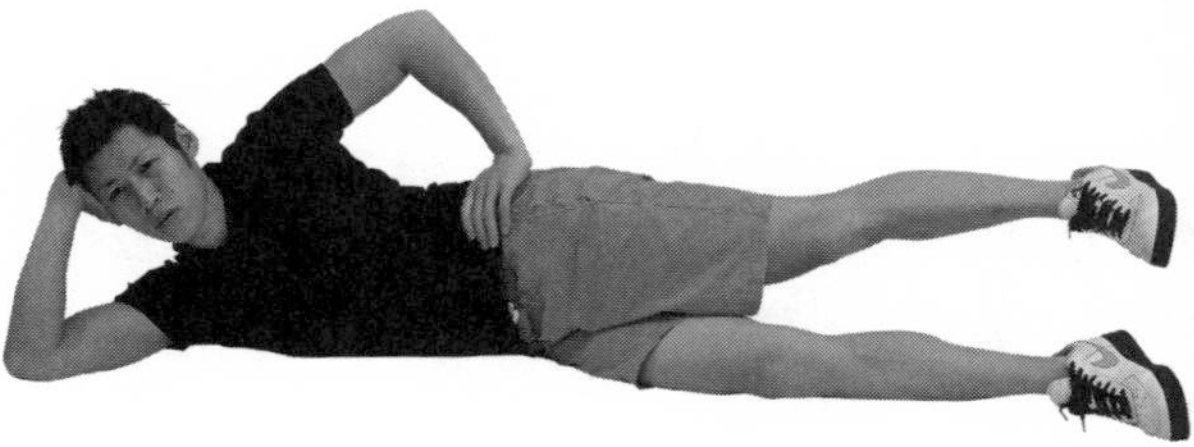

横向きに寝て体を伸ばし、手で頭を支え、もう片方の手を腰に当てる。上側の脚を床からやや上げる。

ここがポイント！

- つま先は体の正面に向けて行う。
- 脚は曲げないで、真っすぐ伸ばしたままで行う。

②

1、2、3、4と数えながら、脚を大きく上にゆっくり開いていく。

③

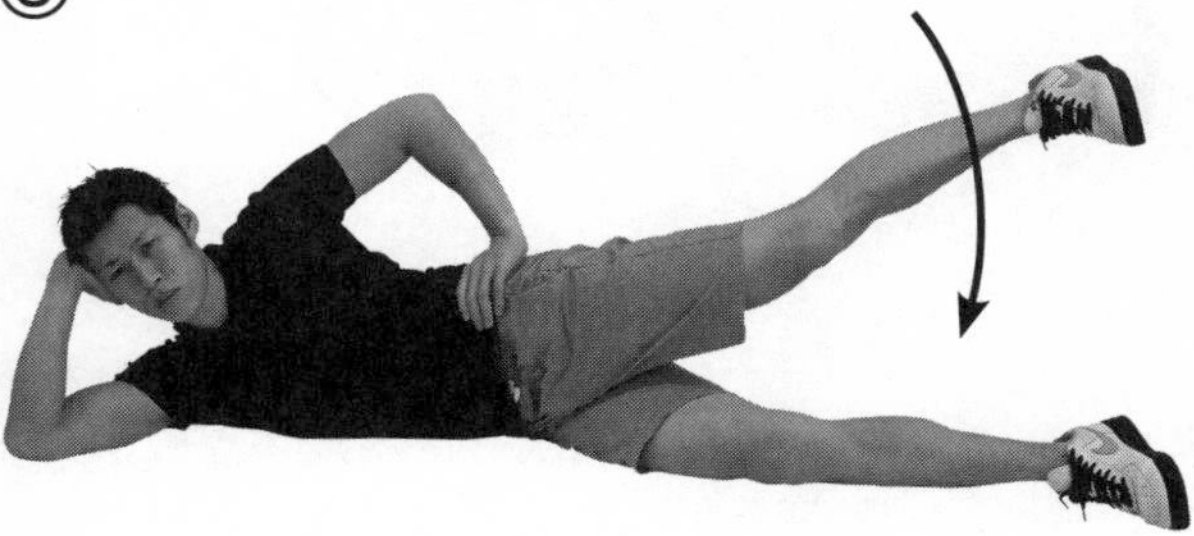

動きを止めずに、1、2、3、4と数えながら、脚をもとの位置までゆっくり戻していく。休まず繰り返す。

これはNG

脚を上げるとき、前や後ろにずれないように注意。体の真横に真っすぐ上げるようにする。

回数 左右3セット

①

片脚を伸ばして床に座る。もう片方の脚のひざを立てて、伸ばした脚と交差させ、ひざの下を両手で抱える。

ここがポイント！

両手でひざを胸に引き寄せるようにすると、背中がしっかり丸まる。

②

上体を前に倒して、背中を丸める。お尻の横側が伸びているのを意識しながら、その姿勢をキープ。

姿勢筋
もっとスロトレ
9

骨盤の横側の後ろ側の下

股関節に強く働きかける「梨状筋」を鍛える

梨状筋《りじょうきん》はお尻の深い部分にあるインナーマッスル。股関節やひざを外側に開くときに働く外旋筋群のひとつで、自転車に乗っている際にも使われます。

いくつかある外旋筋群の筋肉のなかでも、姿勢を保つ働きが最も強いのが梨状筋です。小さな筋肉ですが、良い姿勢を手に入れるためには、筋力を低下させたくありません。

トレーニングは一見、それほど負荷のかかる動きではなく、誰でも楽に取り組めそうです。簡単にできる分、動きがだんだん速くなっていくかもしれません。そうなると、スロートレーニングの効果が得られないので、ゆっくり動くようにしましょう。

梨状筋があるところ

小さい筋肉ですが、これもやはり、負荷がかかっている場所をしっかり意識してトレーニングすることが大切です。

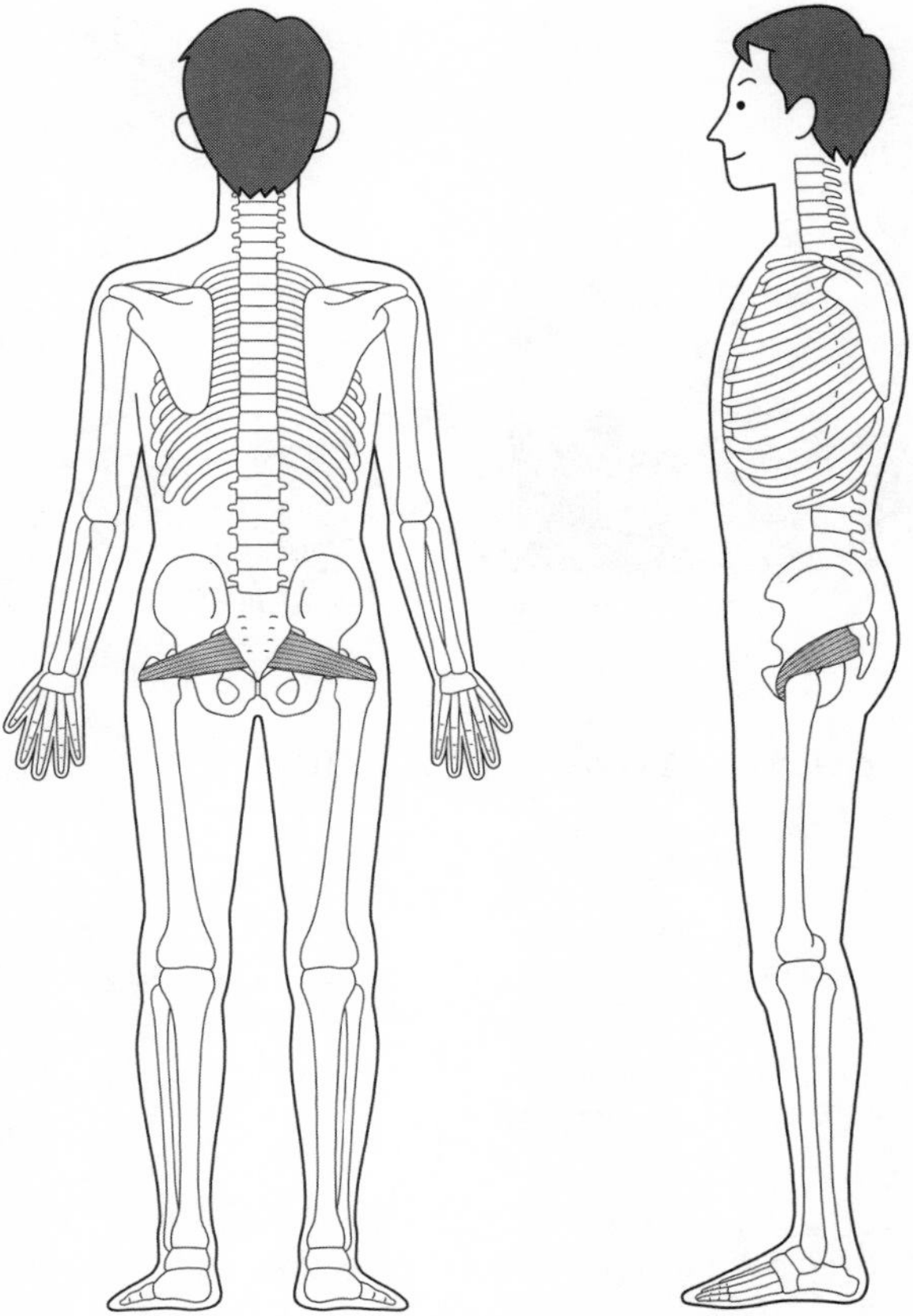

回数 左右3セット

①

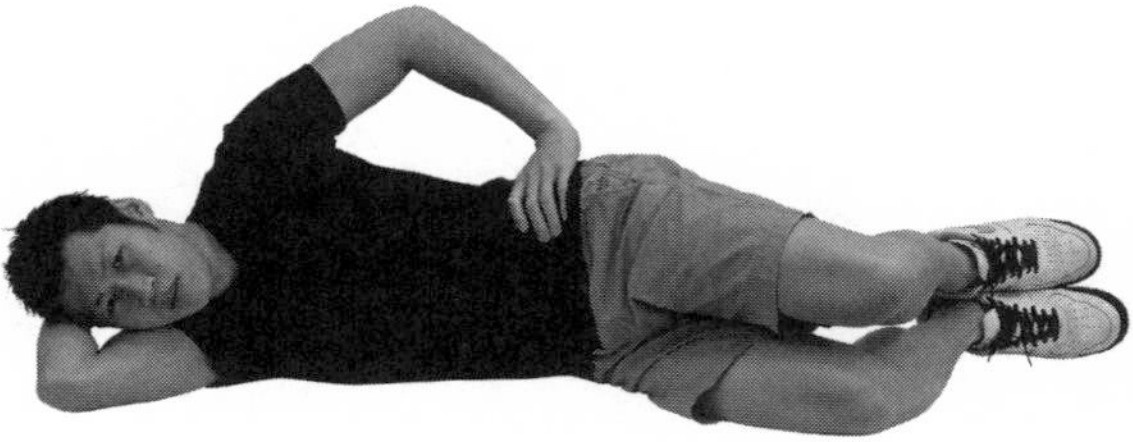

横向きに寝て、両脚のひざを直角に曲げる。

ここがポイント！

地味で簡単な運動だが、梨状筋は小さな筋肉なので、これだけで十分鍛えられる。動きが速くならないように、1から4までしっかり数えながら行う。

②

1、2、3、4と数えながら、上の脚をゆっくり大きく開いていく。

③

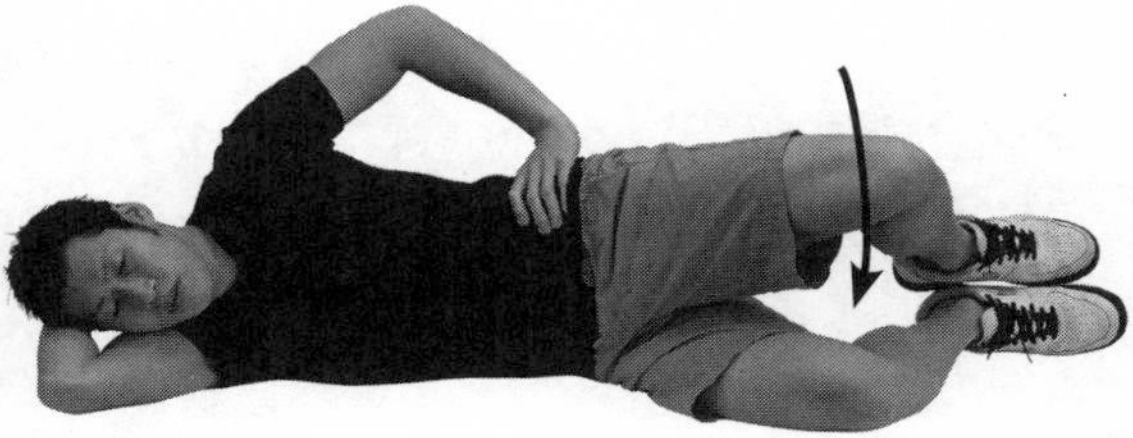

動きを止めずに、1、2、3、4と数えながら、開いた脚をもとの位置にゆっくり戻していく。休まず繰り返す。

回数 左右3セット

①

床に座って片脚を伸ばし、もう片方の脚のひざを立てて広げる。両手は体の後ろでつく。

ここがポイント！

ひざが内側に倒れにくい人は、無理をして床につけなくてもかまわない。両ひざを近づけるようにする。

②

立てた脚のひざを内側に倒し、もう片方の脚とくっつける。お尻の内側が伸びているのを意識しながら、その姿勢をキープ。

これはNG

伸ばした脚のほうに体が傾かないように注意する。

〈参考文献〉

『カラダが変わる！姿勢の科学』石井直方（筑摩書房）
『姿勢力を上げるトレーニング』石井直方・監修（成美堂出版）
『ストレッチメソッドＢＯＯＫ』石井直方・監修　比嘉一雄・著（朝日新聞出版）

本文デザイン……青木佐和子
本文イラスト……瀬川尚志
モデル……………峯田玲一
編集協力…………編集工房リテラ・田中浩之

人生の活動源として

いま要求される新しい気運は、最も現実的な生々しい時代に吐息する大衆の活力と活動源である。

文明はすべてを合理化し、自主的精神はますます衰退に瀕し、自由は奪われようとしている今日、プレイブックスに課せられた役割と必要は広く新鮮な願いとなろう。

いわゆる知識人にもとめる書物は数多く窺うまでもない。

本刊行は、在来の観念類型を打破し、謂わば現代生活の機能に即する潤滑油として、逞しい生命を吹込もうとするものである。

われわれの現状は、埃りと騒音に紛れ、雑踏に苛まれ、あくせく追われる仕事に、日々の不安は健全な精神生活を妨げる圧迫感となり、まさに現実はストレス症状を呈している。

プレイブックスは、それらすべてのうっ積を吹きとばし、自由闊達な活動力を培養し、勇気と自信を生みだす最も楽しいシリーズたらんことを、われわれは鋭意貫かんとするものである。

―創始者のことば―　小澤和一

著者紹介

比嘉一雄〈ひが かずお〉

CALADA LAB.代表。1983年、福岡県生まれ。早稲田大学スポーツ科学部卒業後、東京大学大学院に進学。石井直方研究室にて筋生理学を学ぶ。「研究」と「現場」のハイブリッドトレーナーとして活動。科学的エビデンスを基にした「えびすメソッド」で多くのクライアントをダイエットの成功に導いた。夢は世の中から10トンの脂肪を消滅させること。ミッションは世の中のボディメイクの考えをシンプルにしていくこと。月間200本以上のパーソナルセッションをこなしながら、さまざまな執筆活動やセミナー活動を行う。

動《うご》ける体《からだ》を取《と》りもどす
「姿勢筋《しせいきん》」トレーニング

青春新書 PLAYBOOKS

2023年 2月25日 第1刷

著者 比嘉一雄《ひがかずお》

発行者 小澤源太郎

責任編集 株式会社プライム涌光

電話 編集部 03(3203)2850

発行所 東京都新宿区若松町12番1号 〒162-0056 株式会社青春出版社

電話 営業部 03(3207)1916 振替番号 00190-7-98602

印刷・三松堂 製本・フォーネット社

ISBN978-4-413-21199-4